Bernard Lievegoed
Durch das Nadelöhr

BERNARD LIEVEGOED

Durch das Nadelöhr

Ein Leben
mit der Anthroposophie

Interview von Jelle van der Meulen

VERLAG FREIES GEISTESLEBEN

PRAXIS ANTHROPOSOPHIE 19

*Aus dem Niederländischen
von Frank Berger*

Die Deutsche Bibliothek – CIP-Titelaufnahme

Lievegoed, Bernardus C.J.:
Durch das Nadelöhr: ein Leben mit der Anthroposophie /
Bernard Lievegoed. [Ein Interview mit Bernard Lievegoed
von Jelle van der Meulen. Aus dem Holländ. von Frank Berger]. –
2. Aufl. – Stuttgart: Verlag Freies Geistesleben, 1993
(Praxis Anthroposophie; Bd. 19)
Einheitssacht.: Het oog van de naald <dt.>

ISBN 3-7725-1219-4

NE: Meulen, Jelle van der:; GT

Die Originalausgabe erschien 1991 unter dem Titel
«Het oog van de naald».
© Uitgeverij Vrij Geestesleven, Zeist.

Für die deutsche Ausgabe:
© 1992 Verlag Freies Geistesleben GmbH, Stuttgart
2. Auflage 1993
Umschlag: Walter Schneider, unter Verwendung
eines Bildes von Christiane Lesch
Frontispiz: Foto © Michiel Wijnbergh, Driebergen, NL
Druck: Clausen & Bosse, Leck

Inhalt

Vorwort von Jelle van der Meulen 7

Eine Jugend in Niederländisch-Indien 13
   Der Dicke und der Dünne auf javanisch 13
   Die Seele: gelb mit schwarzen Flecken 23
   Eine schicksalhafte Prophezeiung 26
   Zu spät beim Tempel angekommen 29

Die Begegnung mit der Anthroposophie 33
   «Ich sah nur ihre Hände» 34
   Innere Vorbereitung 42
   Scheinbar geschlagen 54

Jahre des Aufbaus 63
   Mit einem Karren durch den Schnee 64
   Die neue esoterische Haltung 74
   Zu spät gekommen, zu früh aufgebrochen 87
   Eine Tür, die offensteht 89

«Ein großer Geisteskampf wird sich abspielen ...» 95
   Das Quadrat der Zeit 96
   Eine christliche Infrastruktur 104
   Eine merkuriale Persönlichkeit 114

Einige nachträgliche Ergänzungen zum Gespräch
von Bernard Lievegoed 122

Anmerkungen 129
Literaturverzeichnis 131

Vorwort

Wir haben drei Tage lang miteinander gesprochen, einen Tag in seinem Ferienhäuschen in der Nähe der friesischen Seen, zwei Tage in seinem Arbeitszimmer in Zeist. Die Gespräche brachten uns nicht nur auf die wichtigsten Ereignisse dieses schwierigen Jahrhunderts, das nun fast hinter uns liegt, sondern sie drehten sich auch um die Zukunft. Denn darauf steuert Bernard Lievegoed immer wieder zu, sogar dann, wenn er über die Vergangenheit spricht – auf die kommenden Dinge. Auch jetzt, da er ein Alter von fünfundachtzig Jahren erreicht hat, scheint es, als betrachte er alles, was er sagt, wie eine Vorbereitung auf das Morgen.

Bernard Lievegoed ist Anthroposoph. Sein ganzes Leben steht im Zeichen der praktischen Verwirklichung der Geisteswissenschaft, die Rudolf Steiner zwischen 1900 und 1925 einführte. Unter einem gewissen Blickwinkel könnte man sogar sagen, daß der Lebenslauf Bernard Lievegoeds seit den dreißiger Jahren mit der Entwicklung der anthroposophischen Bewegung in den Niederlanden zusammenfällt. Viele Fragen und Probleme, mit denen er jahrzehntelang gerungen hat, sind gleichzeitig Fragestellungen, die die Entwicklung dieser Bewegung charakterisieren.

Doch Bernard Lievegoed ist nicht nur Anthroposoph, er ist auch «Zeitgenosse», das heißt: Die großen Umwälzungen, in denen die westliche Zivilisation seit den dreißiger Jahren steht, haben seinem Leben und seiner Arbeit ihren Stempel aufgeprägt. Die entscheidenden Themen seines fruchtbaren Lebens sind allesamt aus den Nöten unserer Zeit hervorgegangen.

Die Gespräche, die in diesem Buch festgehalten sind, führen den Leser nicht nur in Lievegoods Arbeitszimmer, sondern auch in sein «inneres Kämmerlein». Er selbst bezeichnet die Wirklichkeit dieses Innenlebens als seine «innere Biographie», im Unterschied zur «äußeren Biographie». Daß er in diesem Buch – nach einigem verständlichem Zögern – freimütig über sein Innenleben spricht, muß wohl mit der Einsicht zusammenhängen, daß Außenseiten ohne die dazugehörigen Innenseiten nicht begreiflich sind. Und darin liegt, neben der erwähnten Zukunftsorientierung, eine zweite Wesenseigenart Bernard Lievegoeds: auf der Grundlage innerer (esoterischer) Impulse zu handeln.

Bernard Lievegoed ist Esoteriker, allerdings ohne die Aura des «Geheimnisvollen», Mysteriösen. Wer jemals mit Anthroposophen oder anthroposophischen Einrichtungen in Berührung gekommen ist, mag festgestellt haben, daß oft zwischen sichtbarem Vordergrund und unsichtbarem Hintergrund eine Kluft besteht. Was die Anthroposophen *tun* (Beispiel: Waldorfschulen, biologisch-dynamische Landwirtschaft, erweiterte Medizin), wird als sinnvoll und erneuernd erlebt, doch was sie *denken*, bleibt oft dunkel und schwer faßbar.

Bernard Lievegoed ist es gelungen, diesen Zwiespalt zu überbrücken. Auch im Sprechen über esoterische Hintergründe besticht seine Freimütigkeit. Bei ihm gibt es keinerlei

Angst, falsch verstanden zu werden. Er spricht einfach das aus, was er sagen will, auf seine Weise und dann, wann er es für richtig hält. In dieser Hinsicht ist er ein moderner Esoteriker, der die Inhalte der Geisteswissenschaft mit Überzeugung und ohne jede Ängstlichkeit ins volle Licht des öffentlichen Lebens hineinstellt. Daß diese Haltung oft Konflikte mit sich bringt, vor allem innerhalb der anthroposophischen Bewegung, braucht nicht zu verwundern. Auch dieser Aspekt seines Lebens wird in den Gesprächen berührt.

Bernard Lievegoed will Anthroposophie verwirklichen. Das hat ihn zur Gründung vieler Einrichtungen veranlaßt: vom heilpädagogischen Institut «Zonnehuizen Veldheim/Stenia» bis hin zum NPI, einem Institut für Organisations-Entwicklung, oder der «Vrije Hogeschool» (Freie Hochschule), um die bekanntesten zu nennen. Dasselbe gilt für sein Wirken an verschiedenen Universitäten und für die vielen Bücher, die er publizierte, wie *Organisationen im Wandel, Lebenskrisen – Lebenschancen, Der Mensch an der Schwelle* und zuletzt *Alte Mysterien und soziale Evolution*. Sowohl für die Bücher als auch für die Institutionen gilt: Sie sind für jedermann da, nicht nur für Anthroposophen.

Ich *wollte* diese Gespräche mit Lievegoed führen. Der Grund dafür lag in einigen Fragen, die mich schon geraume Zeit beschäftigten. Manche von ihnen beziehen sich auf die Person Bernard Lievegoeds; der Leser wird nach der Lektüre dieses Buches unschwer erkennen, um welche Fragen es sich dabei handelt. Andere Fragen hängen mit der Rolle zusammen, die die anthroposophische Bewegung in diesem Jahrhundert gespielt hat und in der nächsten Zeit spielen könnte. Weil ich Lievegoed als jemanden kennengelernt hatte, der mit denselben Fragen lebt, meinte ich die Initiative zu diesen Gesprächen ergreifen zu dürfen.

Doch Lievegoed wäre nicht Lievegoed, wenn er an seine Zustimmung nicht eine ganz bestimmte Bedingung geknüpft hätte. Es gebe, so sagte er, noch ein paar dringende Themen, die er an die Öffentlichkeit bringen wolle, da sie ihm wichtig erschienen im Hinblick auf die nächste Zeit. Kurz, er wollte über die Zukunft reden. Während der Sitzungen zeigte sich jedoch, daß diese Themen voll und ganz auf der Linie meiner Fragen lagen, so daß wir bestens miteinander auskamen.

Im letzten Kapitel ergreift Bernard Lievegoed die Initiative. Darin ist aufgezeichnet, was er von sich aus gerne sagen will. Der Leser wird jedoch bemerken, daß dies bereits in den ersten drei Kapiteln, die von meinen Fragen ausgehen, vorbereitet wird.

Ein paar Tage, nachdem ich Lievegoed das Manuskript zur Durchsicht zugesandt hatte, erhielt ich es mit einigen Randbemerkungen wieder zurück. Entgegen meiner Erwartung hatte er so gut wie nichts gekürzt, sondern eigentlich nur ergänzt. Diese Ergänzungen sind ohne Ausnahme in den Text aufgenommen worden. Die große Überraschung aber war eine kurze Betrachtung, die er mit Bleistift auf die letzten Blätter geschrieben hatte. Sie kann als eine Art Nachwort betrachtet werden, eine Zusammenfassung unseres Gesprächs, die deutlich macht, wo für ihn persönlich die Hauptakzente liegen. Auch diese Ergänzung ist in das Buch aufgenommen worden.

Das Buch ist keine biographische Skizze, wenngleich ein künftiger Biograph (den es sicher irgendwann einmal geben wird) manches Brauchbare darin finden wird. Es ist entstanden aus Lievegoeds Bereitschaft, über sein Leben zu erzählen, und aus meinem Staunen über sein Tun und Lassen. Der Text läßt sich vielleicht am besten wie eine Erzählung lesen, deren Hauptperson zugleich der Erzähler selbst ist.

Amsterdam 1991 *Jelle van der Meulen*

Eine Jugend
in Niederländisch-Indien

Die Eltern Bernard Lievegoeds übersiedeln in den Jahren 1902 (der Vater) bis 1903 (die Mutter) aus den Niederlanden nach Sumatra, wo der Vater Redakteur der «Sumatra Post» wird. Am 2. September 1905 wird Bernard Lievegoed in Medan/Sumatra geboren. Dort besucht er die Grundschule und schließt Freundschaften mit Altersgenossen aus den verschiedensten religiösen Milieus. Nach einem zweijährigen Aufenthalt in Rotterdam wird Java zur neuen Heimat, wo sein Vater Chefredakteur der größten Zeitung Niederländisch-Indiens wird, «De Lokomotief» («Die Lokomotive»). Dort besucht Bernard die Oberschule; 1923 legt er die Reifeprüfung in Den Haag ab.

Der Dicke und der Dünne auf javanisch

Bernard Lievegoed: Auf Sumatra und Java aufzuwachsen, bedeutet der überwältigenden Kraft der Natur zu unterliegen ... Oft brach ich mit meinen Freunden zusammen am Sonntagmorgen um fünf mit dem Gewehr zum Semarang-Fluß auf, um Fische zu schießen. Bei Anbruch der Morgendämmerung kamen sie an die Oberfläche, um nach Luft zu schnappen. Natürlich gelang es nur selten, einen von ihnen wirklich zu treffen, aber wenn man doch einmal Erfolg hatte, so war das natürlich etwas ganz Tolles. Wenn man schließlich unerwartet einen Fisch getroffen hatte, gab man den javanischen Jungen ein paar Pfennige, und die tauchten dann nach dem Fisch, um ihn aus dem Wasser zu holen.

Oft gingen wir auch zu der Stelle am Fluß, wo die Praue lagen. Während der Woche wurden sie benutzt, um von den Sandbänken Bausand zu transportieren. Sonntags lagen sie angekettet da, aber man konnte ihre Schlösser mit einem krummen Nagel leicht öffnen. So liehen wir uns die Prau des Oberaufsehers und fuhren zu viert flußaufwärts zu den Sandbänken, um Alligatoren zu schießen! Wenn man die mit viel Glück traf, tauchten sie sofort unter Wasser und verschwanden. Trotzdem fanden wir, daß wir eigentlich etwas recht Nützliches taten, denn die Javaner hatten ziemlich viel Ärger mit diesen Tieren: Mitten in der tiefsten Nacht krochen sie an Land und raubten die Hühner aus den Ställen!

Bei diesen Unternehmungen trugen wir nur einen Strohhut, ansonsten waren wir splitternackt. Da es von Stromschnellen wimmelte, mußten wir nämlich ständig das Boot verlassen, um es durch die vielen engen Durchfahrten zu ziehen und zu lotsen. Nach fünf Stunden und vielen Stromschnellen kamen wir auf eine höhergelegene Ebene, wo wir meistens ein Feuerchen machten, Reis kochten und auf Raubvögel schossen. Es gab auf Java eigenartige Verhaltensregeln: Die einheimische Jugend schoß auf Tauben und wir auf Raubvögel. Gegen Ende des Nachmittags fuhren wir dann wieder zurück, doch jetzt stromabwärts. Nun bestand die Kunst darin, das Boot mit langen Stangen zwischen den wilden Stromschnellen hindurchzulavieren. Innerhalb einer Stunde waren wir wieder zu Hause in Semarang.

Und dann unsere großen Bergtouren. Wenn Ferien waren, mieteten wir ein Häuschen an den Hängen des 3000 m hohen Merbabu, so eine javanische Hütte aus geflochtenen Matten und einem Dach aus Palmblättern. Von dort aus unternahmen wir unsere Touren. Wir brachen immer am Abend auf, weil man in der Kühle besser klettern konnte. Am nächsten Morgen, in aller Frühe, erreichten wir den Gipfel. Welche Aussicht! Ringsum Gipfelspitzen und unter dir ein Wolkenmeer. Auf dem Gipfel des Berges wohnte ein Einsiedler; der verkaufte einem für zweieinhalb Cent eine Tasse Kaffee. Das Wasser dafür holte er sich irgendwo aus einem Brunnen.

Den Tag verbrachten wir dann schlafend dort oben, und gegen Abend begann der Abstieg, diesmal von der anderen Seite des Berges aus. Dort lag die Sommerresidenz des Sultans von Solo. Wenn er nicht zu Hause war, durfte man dort übernachten, das heißt, wenn man den Wächtern etwas Geld gab ... Man bekam dann eines der Frauengemächer zugewiesen. Es gab da eine Toilette mit ungefähr fünfzehn Öffnungen in einer Reihe über dem Fluß. Dort saßen wir dann, jeder über so einem Loch, und redeten miteinander. Auf die Toilette gehen, das war dort ein soziales Happening! Hinter dem Merbabu lag ein anderer Berg, der Merapi, ein aktiver Vulkan. Man konnte ihn nicht immer besteigen, wegen der Schwefeldämpfe. Bei Rückenwind konnte man in den Krater hinuntersteigen. Auf dem Grund lag ein Pfropfen aus Bimsstein, aus dem Dampfschwaden aufstiegen.

Solche Touren dauerten oft fünf Tage lang. Bei Anbruch der Dunkelheit gingen wir dann in irgendein Dorf und fragten den Lura, das Oberhaupt, ob wir dort schlafen durften. Beim Schein einer Öllampe bekam man endlose Geschichten zu hören über die Ernte, die Ereignisse im Dorf und auch darüber, wer arm war und wer reich. Reichtum beinhaltete dort etwas ganz anderes als hier im Westen. Ich erinnere mich noch, wie mir von einem Mann erzählt wurde, der sehr reich war. Ich fragte: Wieso reich? Hat er denn viel Geld? Nein, Geld hatte der Mann nicht. Besaß er denn viel Boden? Nein, Grund und Boden hatte er natürlich auch nicht. Aber was hatte er dann? Die Antwort lautete: Der Mann ist reich, weil er viele Beziehungen hat.

Eigentlich ist das javanische Wort für «reich» nicht recht zu übersetzen. Ich fragte, ob ich diesen Mann einmal treffen könnte, und wurde am nächsten Abend zu einem kleinen Häuschen gebracht. Der Mann saß auf der Erde und flocht gerade Bambusstreifen, die er zur Reparatur seines Häuschens brauchte. Da sagte ich zum Lura: Aber was ist denn das Besondere an diesem Mann? «Dieser Mann», lautete die Antwort, «hat vielen Menschen geholfen!»

Später begriff ich, was gemeint war. In der javanischen Gemeinschaft galt als reich, wer anderen Menschen geholfen hatte. Denn wenn man vielen Menschen geholfen hatte, so hatte man das Recht, zu ihnen zu sagen: Komm, hilf mir mein Haus zu reparieren, ich habe dir damals auch geholfen. Wenn man diese Hilfe in Anspruch nimmt, so ist die Schuld abgetragen. Doch wenn man die Schuld stehen läßt, dann hat man überall Menschen, denen man helfen muß, wenn sie einen tatsächlich brauchen. Für den Javaner gilt: Je mehr man weggibt, desto reicher wird man!

Interessierten Sie sich für die Unterschiede zwischen der westlichen und der javanischen Kultur?
Ich wollte die javanische Kultur verstehen. Ich wollte auch gerne wissen, wie die Javaner uns Westmenschen sahen. Neben unserem Ferienhäuschen wohnte ein Beamter der Kreisverwaltung. Er hatte einen Sohn, der irgendwann seine Abschlußprüfung an der Oberschule für Technik in Surabaja bestanden hatte. Um diesen Tag zu feiern, wurde ein Fest gegeben, das eine ganze Woche dauerte. Wajang-Tänzer spielten Szenen aus dem hindustanischen *Mahabharata*-Epos, von sechs Uhr abends bis sechs Uhr in der Früh, sieben Tage hintereinander. Stunde um Stunde hockten die Javaner im Kreis am Boden. Sie kannten die Geschichten durch und durch, und doch blieben sie sitzen und langweilten sich keine Sekunde lang. Wir Westmenschen sehen uns lieber ein Theaterstück an, das wir noch nicht kennen. Doch die Javaner ließen sich immer wieder von den Bildern des Mahabharata fesseln. Das hat einen tiefen Eindruck auf mich gemacht.

Zwischen den Szenen des Mahabharata gab es Intermezzi. Da traten immer dieselben beiden Figuren auf, ein kurzer Dicker und ein langer Dünner. Sie spielten in dem Stück genauso eine Rolle wie Merkur in der griechischen Mythologie: Sie waren die Götterboten. Welch ein Urbild, nicht wahr? Der Dicke und der Dünne! In den Pausen traten sie jedoch nicht als Boten der Götter, sondern als Spaßmacher in Erscheinung. Da fingen sie an, allerlei zu erzählen, was sich im Dorf so zugetragen hatte. Die Javaner mußten immer herzhaft darüber lachen. Ich verstand sie nicht, und einmal – einer der beiden hatte gerade besonders drollige Bewegungen gemacht – fragte ich, warum sie denn darüber so gelacht hätten. Da kam heraus, daß er die Art nachgeahmt hatte, wie wir Europäer laufen!

Später fragte ich unseren Hausjungen Abdul, zu dem ich ein gutes Verhältnis hatte, was es denn eigentlich zu lachen gäbe über die Europäer? «Weißt du, was es ist», sagte er, «ihr seid einfach nicht so kultiviert. Ihr lacht, wenn es sich nicht gehört zu lachen, ihr stellt ausgerechnet die Fragen, die man nicht stellen sollte, und wenn ihr lauft, dann macht ihr solche tolpatschigen Bewegungen.»

Waren Sie nicht beleidigt?
Überhaupt nicht! Ich fand, daß er sehr recht hatte! Eines Tages kam dieser Abdul – wir nannten ihn Doel (sprich: Duhl – niederländisch: Ziel) – auf meinen Vater zu und fragte, ob er eine Woche frei bekommen könne, um nach Hause in sein Dorf zu gehen. «Was gibt es denn?» fragte mein Vater. «Naja», sagte Doel, «meine Mutter ist gestorben, und ich muß sie begraben ...» Mein Vater erinnerte sich, daß Doels Mutter vor einem halben Jahr schon einmal gestorben war und daß er auch damals Urlaub erbeten hatte. Daher sagte er: «Kommt gar nicht in Frage, du brauchst doch deine Mutter nicht zweimal zu bestatten!» – «Nein, Herr», sagte Abdul, «das stimmt ...» – «Aber», fragte mein Vater weiter, «worum geht es denn dann?» – «Naja», sagte Doel, «ich würde doch sehr gerne meine Mutter begraben ...» – «Na, dann geh nur», sagte mein Vater, «aber ich hätte von dir nicht erwartet, daß du mir mit solchen Lügen kommst!»

Am selben Abend fragte ich Doel, was denn eigentlich los sei, und er sagte: «Weißt du, ihr zeigt so wenig Einfühlungsvermögen! Wenn ich so offenkundig lüge, dann will ich damit sagen: Ich kann euch den wahren Grund nicht erzählen. Dann müßt ihr nicht weiterfragen. Dann müßt ihr sagen: Doel, ich hoffe, daß deine Mutter ein gutes Begräbnis haben wird!»

Hatten Sie Freunde unter den Einheimischen?
In der Oberschule war ich in einer Klasse mit vierundzwanzig Schülern. Zwei davon waren das, was man europäische Jungen nennt. Sieben waren chinesischer Abstammung, es gab fünf Javaner und einen Schwarzen. Der Rest waren Einheimische. Ich saß mit dem Chinesen Bee Tat Kwan in einer Bank und war eng mit ihm befreundet. Er kam aus einem streng buddhistischen Milieu; wenn man ihn zu Hause besuchte, betrat man die Welt des Buddhismus.

Kam ich aber zu Bandjaransari, so kam ich in die Welt des orthodoxen Islam. Meine Eltern waren freisinnig-protestantisch, doch in Wirklichkeit bin ich in einer multikulturellen Umgebung aufgewachsen. Die Buddhisten, die Moslems – sie waren meine Schulfreunde ... Die europäischen Kinder bildeten zahlenmäßig eine Minderheit.

Hatten Sie Busenfreunde?
Als ich sechzehn war, wohnte ich in meinem neunten Zuhause. Auf keiner Schule, außer in der Oberschule auf Java, war ich länger als ein oder höchstens zwei Jahre. Ich hatte gar keine Gelegenheit, Freundschaften zu pflegen. Ich habe sogar noch anderthalb Jahre in Rotterdam gewohnt, um das zehnte Lebensjahr herum. Das war eine europäische Zwischenstation. Danach gingen wir wieder zurück nach Java. So mußte ich immer wieder von vorne anfangen ...

Viele Umzüge, viele verschiedene kulturelle Milieus – ein wesentliches Merkmal Ihrer Jugend scheint Beweglichkeit zu sein.
Ich war gezwungen, ein Verständnis für verschiedene soziale und religiöse Verhaltensweisen zu entwickeln, die ich von Haus aus nicht kannte. Ich habe dadurch gelernt, mich allen möglichen Milieus anzupassen. Daß Menschen vollkommen anders sein können als man selbst, habe ich schon früh begriffen. Allerdings interessierten mich andere Bräuche und Kulturen tatsächlich. Es ging nicht nur um die äußere Notwendigkeit, mich damit auseinanderzusetzen, ich hatte auch von innen her ein echtes Bedürfnis in dieser Richtung.

Vor allem von Doel, unserem Hausjungen, habe ich viel gelernt. Er war Wajangspieler gewesen, und durch ihn lernte ich zum Beispiel die Bedeutung der Gebärden verstehen, die zu diesem Schattenspiel gehören. Aber abgesehen von diesen äußeren sozialen und kulturellen Umständen kann man sagen, daß das Aufwachsen im damaligen «Niederländisch-Indien» noch etwas anderes bewirkte: Der Ätherleib wurde ganz anders ausgebildet als in den Niederlanden, weil die elementarische Umgebung auf diesen Inseln eine ganz andere ist.

Daher kam es auch, daß, als ich im Jahr 1929 Ita Wegman[1] begegnete, wir bereits nach fünf Minuten ein gegenseitiges Gefühl des Bekanntseins hatten. Sie hat bis zu ihrem fünfzehnten Lebensjahr auch auf Java gewohnt, sie im östlichen Teil, ich auf Zentral-Java. Ich denke mir, daß sie ebenfalls Inkarnationsbedingungen gesucht hat, die ihr halfen, ein bewegliches Vorstellungsleben zu entwickeln.

Außer dieser Beweglichkeit gibt es noch ein anderes Merkmal meiner Jugendzeit: die innere Einsamkeit. Ich wuchs in einem Vakuum auf und lebte mit Fragen und Gefühlen, die in meiner unmittelbaren Umgebung nicht ernsthaft zur Debatte standen.

Sie meinen: bei Ihnen zu Hause nicht?
Meine Mutter war eine sehr resolute Frau. Sie war eine leidenschaftliche Feministin und die erste Vorsitzende der Gesellschaft für das Frauenwahlrecht in Niederländisch-Indien. Es war ihr unerträglich, daß die Frauen an zweiter Stelle rangierten. Ich höre sie noch sagen: «Daß man seine Hand für das Haushaltsgeld aufhalten muß! Daß man das nicht selber verdienen darf!»

Damit hatte sie natürlich vollkommen recht. Aber bei uns zu Hause führte diese ihre Haltung manchmal zu verkrampften Situationen. Nicht, daß mein Vater mit ihr uneins gewesen wäre, im Gegenteil, aber dieser ständige innere Kampf, den meine Mutter führte, verursachte eine Spannung, die den inneren Fragen, die in mir lebten, keinen Raum bot. Die finanzielle und politische Selbständigkeit der Frauen – das war für sie immer Thema Nummer eins. Und sie erwartete auch von ihren Kindern, daß sie sich einsetzten, um für sich selber eine selbständige Zukunft zu realisieren. Wenn wir ab und zu einfach so dasaßen und ein nettes Buch lasen, war das in ihren Augen schnell Zeitverschwendung. Sie hatte eine große Angst: in Armut alt zu werden. Alles, was sie tat, zielte darauf ab, das zu verhindern. Für mich als Kind hatte das etwas Bedrückendes. Man mußte immerzu etwas Nützliches tun.

Und Ihr Vater?
Mein Vater hat für meine innere Entwicklung eine große Bedeutung gehabt. Er war Journalist und Chefredakteur von

«De Lokomotief», der größten Tageszeitung Niederländisch-Indiens. Sein Leben lang hat er die Auswüchse des Kolonialismus bekämpft. In Medan kämpfte er gegen die Herrenmentalität der Tabakplantagenbesitzer. Tief hat mich sein Widerstand gegen die sogenannte Pönalsanktion beeindruckt. Die Kulis wurden auf Java nämlich in der Weise angeworben, daß sie ein Kreuzchen auf ein Stück Papier setzen mußten, und später kam heraus, daß sie sich für zehn Jahre als Arbeiter auf den Tabakplantagen verdingt hatten. Das bedeutete, daß sie für zehn Jahre von ihrer Familie getrennt wurden. Und wenn sie flohen, wurden sie von der Polizei zurückgebracht. Mein Vater sagte immer: Das ist eine unerlaubte Form der Sklaverei, für die wir noch schwer zu büßen haben werden.

Er schwamm in diesen Dingen immer gegen den Strom. Über Singapur wurden auch chinesische Kulis angeworben, und diese wurden in Singapur-Dollars bezahlt. Am Monatsende liefen dann die Westlinge zu den Banken, um niederländisches Geld in Singapur-Dollars zu wechseln, mit der Folge, daß am Ende des Monats der Wechselkurs dieser Dollars plötzlich scharf anstieg und am Beginn des nächsten Monats wieder gehörig sank – zum Nachteil des kleinen Mannes: Sobald der über Geld verfügte, war der Wert niedrig. Auch dagegen hat mein Vater gekämpft. Er hat erreicht, daß der Gulden als Lohnzahlungsmittel akzeptiert wurde!

Er besaß einen sehr ausgeprägten Gerechtigkeitssinn. Ich erinnere mich, daß er eines Tages nach Hause kam und von einem Redakteur erzählte, mit dem er große Schwierigkeiten hatte, weil dieser in seiner Eigenschaft als lokaler Berichterstatter immer wieder Schnitzer machte, die emotionale Reaktionen unter den Lesern hervorriefen. Ich sagte damals zu meinem Vater: «Aber du bist doch der Chef! Wenn du solche Probleme mit ihm hast, warum entläßt du ihn dann nicht?» Da sagte er zu mir: «Hör gut zu! Solange ich mich noch über diesen Mann ärgere, kann ich ihn nicht entlassen, denn dann tue ich ihm unrecht. Ich kann ihn erst entlassen, wenn ich mich nicht mehr über ihn ärgere.» Dieser Ausspruch ist für den Rest meines Lebens die Grundlage meiner Personalarbeit geblieben ...

Fühlte Ihr Vater sich mit solchen Figuren wie Multatuli[2] verwandt?
Überhaupt nicht. Mein Vater wurde oft als Sozialist bezeichnet. Aber er war alles andere als das. Er war politisch beim «Nieuwe Rotterdamsche Courant» beheimatet.[3] Als er nach Holland zurückgekehrt war, hat er dort auch wieder gearbeitet. Das war seine Atmosphäre. Er kümmerte sich nicht um Rechts und Links in der Politik.

Die Seele: gelb mit schwarzen Flecken

Als ich beinahe zwei Jahre alt war – wir wohnten damals in Medan auf Sumatra –, bekam ich über Nacht akute Cholera, zusammen mit acht weiteren Kindern in unserer Umgebung. Hohes Fieber, entsetzlicher Durchfall, schnelle Austrocknung ... Sieben dieser Kinder sind im Laufe des nächsten Tages gestorben. Natürlich habe ich mich manchmal gefragt, warum gerade ich eines von den zweien gewesen bin, die am Leben bleiben durften.

Infolge der Austrocknung waren Insulte aufgetreten. Meine

rechte Körperhälfte war völlig gelähmt. Dadurch mußte ich mit vier Jahren zum zweitenmal laufen lernen. Meine früheste Erinnerung ist, daß ich im Garten auf einer Matratze liege und mit einer Schere Bilder aus einer Illustrierten auszuschneiden versuche. Meine Mutter kommt vorbei, sie trägt mein jüngeres Schwesterchen auf dem Arm und sagt zu mir: «Wir gehen jetzt die Hühner füttern!» Ich rufe: «Ich will mit!» «Nein», antwortet sie, «ich kann nicht zwei Kinder tragen.» Ich weiß noch genau, wie machtlos ich mich fühlte, als sie mit meiner Schwester auf dem Arm wegging. Ich wollte laufen!

Die Lähmung hat sich zwar nach und nach verloren, doch eine leichte Bewegungsstörung des rechten Arms ist zurückgeblieben. Daher hatte ich als Kind und auch später noch, als Erwachsener, eine ungewöhnlich schlechte Handschrift. Niemand hatte Verständnis dafür. Ich wurde deswegen immer gescholten!

Infolge dieser Lähmung war ich absolut nicht imstande, in physischer Hinsicht unter meinen Altersgenossen zu bestehen. Wenn einer mich schubste, fiel ich hin. An sportlichen Aktivitäten konnte ich nicht teilnehmen. Bis zu meinem zwölften Jahr hat dieses Nicht-mittun-Können eine große Rolle gespielt. Die Folge war, daß ich mich immer stärker in mich selbst zurückzog; ich hielt mich lieber in meiner eigenen Innenwelt auf. Durch diese Orientierung nach innen und die dadurch bedingte relativ starke Entwicklung meines Vorstellungsvermögens und der Phantasie hat sich diese Geschichte für mein weiteres Leben als sehr bedeutungsvoll erwiesen. Sie ist wohl auch die Ursache dafür, daß ich mich immer ein wenig als der Schwächere gefühlt habe.

Ist die Lähmung denn ganz verschwunden?
Nein, ich muß zum Beispiel immer noch genau hinschauen, wenn ich eine Kaffeetasse nehmen will. Wenn ich nicht gut aufpasse, stoße ich sie im Nu um. Ich habe aber gelernt, mich so zu verhalten, daß es fast niemand merkt. Wenn ich anfange, einen Brief zu schreiben, so sind die ersten fünf Zeilen gut zu lesen. Aber dann geht das Gezitter und Gekritzel schon los. Ich halte meinen rechten Arm dann mit meiner linken Hand fest, um ihn zu führen. Oder ich warte kurz und schreibe weiter, sobald es wieder geht. Viele meiner Bücher habe ich deswegen nach der Niederschrift auf Band gesprochen, so daß eine Sekretärin den Text ins reine schreiben konnte. Auf dem Band, das jetzt gerade läuft, steht auch noch das Diktat meines Buches *Der Mensch an der Schwelle*, komisch, nicht wahr?

Sie sagten, daß Sie sich in Ihre Innenwelt zurückzogen.
Ich dachte viel nach, phantasierte viel und beschäftigte mich mit Fragen, die andere Kinder nicht hatten. Als ich acht war, wollte ich zum Beispiel wissen, wie die Seele des Menschen aussieht. Ich wußte schon, daß ich zu meinen Eltern mit so einer Frage nicht zu kommen brauchte. Sie waren zwar religiös, aber sie beschäftigten sich nicht mit solchen Dingen.

Aber eines Tages sah ich meine Chance. Wir verbrachten die Ferien hoch oben in den Bergen in den Batak-Ländereien, zusammen mit einer katholischen Familie. Sie hatten einen Jungen in meinem Alter. Eines schönen Tages gingen wir spazieren, und dieser Junge und ich gingen hinter unseren Eltern her. Weil ich dachte, daß Katholiken in solchen Dingen Bescheid wissen müßten, fragte ich ihn damals: «Weißt du, wie die Seele aussieht?» Prompt kam die Antwort: «Gelb, mit schwarzen Flecken, und die schwarzen Flecken, das sind deine Sünden!» Glauben Sie mir, bis weit in meine dreißiger Jahre habe ich die Seele noch immer so gesehen: gelb mit schwarzen Flecken ... Diese Frage war ein erster Versuch, etwas über Dinge zu erfahren, mit denen sich niemand in meiner Umgebung beschäftigte.

Eine schicksalhafte Prophezeiung

Ich war ungefähr dreizehn Jahre alt, wir wohnten in Semarang, da erzählte meine Schwester Toni mir eines Tages, daß sie beim Aufräumen eines Schranks zwei Horoskope gefunden habe, eines von ihr und eines von mir. Ein jüngerer Bruder meiner Mutter war Kapitän zur See; er beschäftigte sich mit Astrologie und hatte auf See viel Zeit, Horoskope zu erstellen. Meine Schwester hatte also die Horoskope gelesen und sagte zu mir: «Bernard, ich weiß jetzt, was mit uns in der Zukunft passieren wird. Stell dir vor, du wirst heiraten, aber deine Frau wird bald sterben, und dann wirst du noch ein zweites Mal heiraten, und diese Ehe wird sehr lange dauern!»

Ich fand diese Enthüllung wirklich entsetzlich. Das Wissen davon hat meiner Pubertät und meinen Jünglingsjahren einen Dämpfer aufgesetzt. Immer wenn ich mich verliebte, mußte ich denken: Lieber Gott, laß mich nicht verliebt werden, denn dann wird das Mädchen sterben. Ein einziges Mal habe ich vergessen, was ich wußte. Ich war damals einundzwanzig Jahre alt und lebte schon in den Niederlanden, als ich in Groningen Truus Hinse begegnete, einer Nichte meines besten Freundes. Ich war ziemlich verlegen – das bin ich übrigens immer geblieben, auch wenn man das auf den ersten Blick nicht vermuten würde ... Noch immer muß ich mich oft überwinden, wenn ich jemanden anrufen will, weil ich dann denke, vielleicht störe ich gerade ...

Ich war also sehr schüchtern, aber als ich dieses Mädchen sah, war sofort alles klar. Es entwickelte sich dann eine sehr intensive Beziehung. Sie war eine stille, nach innen gekehrte Persönlichkeit, die in vielerlei Hinsicht mein Gegenbild war. Eine reife Seele. Ich habe sie 1931 geheiratet. Doch die vorausgesagte Tragödie trat ein, und zwar 1932: Fünf Wochen nach der Geburt unseres Kindes ist Truus gestorben. Ich war inzwischen Arzt geworden und nahm bereits intensiv an der anthroposophischen Arbeit teil. Auf einmal stand ich allein da, mit einem ein paar Wochen alten Kind. Vier Jahre sind wir verlobt gewesen, und weniger als ein Jahr waren wir verheiratet.

Es gibt Ereignisse im Leben, die im tiefsten Innern immer gegenwärtig bleiben, die sich niemals abschleifen oder mildern. Dies ist so ein Ereignis. Noch immer ist es so, daß ich ein tiefes Gefühl des Verlustes, der Entbehrung empfinde. Wenn ich mich nur kurz in mich versenke, so ist es wieder da. Der Schmerz um den Tod dieser Frau ist nie verschwunden. Und es darf ruhig einmal ausgesprochen werden: Viele meiner Aktivitäten in der anthroposophischen Arbeit sind eine Zeitlang durchaus auch eine Flucht vor diesem Schmerz gewesen.

Manche Leute haben gelegentlich bewundernd gesagt: Bernard, wie viel du doch tust! Und es ist wahr, ich habe auch viel getan in meinem Leben. Aber der Schmerz über den Verlust dieser Beziehung ist jahrelang eine verborgene Triebfeder gewesen. Wissen Sie, man muß Menschen sehr gut kennen, um wirklich zu wissen, wo ihre Motive und Triebfedern liegen. Die Oberfläche ist nur Schein. Dasselbe gilt für meine Verlegenheit.

Sie machen keinen verlegenen Eindruck.
Die Leute meinen, daß ich energisch bin, und in gewisser Hinsicht stimmt das auch. Aber in mir selber spüre ich oft diese Verlegenheit, sogar heutzutage, wo ich doch schon fünfundachtzig Jahre alt bin und ein Leben geführt habe, das nicht gerade den Stempel der Verlegenheit trägt.

Sie haben später wieder geheiratet.
Es war ein großes Glück, daß nach dem Tod meiner ersten Frau eine neue intensive Verbindung entstand: mit Nel Schatborn, der besten Freundin von Truus. Aus dieser Verbindung ergab sich dann die zweite Ehe, die das Horoskop erwähnte. Und tatsächlich hat diese Ehe sehr lange gedauert – bis zum heutigen Tage. Mehr als fünfundfünfzig Jahre! Eine sehr glückliche Verbindung … Sechs Kinder sind aus ihr hervorgegangen. Außerdem haben Nel und ich dasselbe Engagement für die Anthroposophie. Dadurch ist es möglich, daß wir uns beide mit ganzer Seele den Dingen widmen können, die wir für wichtig halten.

Sie können sich vielleicht vorstellen, daß ich durch diese Ereignisse oft über Astrologie nachgedacht habe. Auf der einen Seite sieht man, daß Astrologie alles andere als Unsinn ist. Es handelt sich um eine sehr alte Wissenschaft, um einen degenerierten Nachklang alter Mysterienweisheiten. Doch auf der anderen Seite zeigt sich, wie fatal es sein kann, wenn man Kenntnis von den Dingen hat, die in der Zukunft geschehen werden. Man wird dadurch innerlich gehemmt, man verliert seine Spontaneität. Astrologie in ihrer heutigen Form kann für die Menschen etwas Schreckliches sein … Nein, ich bin absolut kein Freund davon.

Zu spät beim Tempel angekommen

Als Kind hatte ich oft denselben Traum. Jahrelang kehrte er wieder. Der Verlauf meines Lebens hat gezeigt, daß dieser Traum nicht irgendein beliebiger war. In gewissem Sinne war er ein Bild eines der Hauptthemen meines Lebens. Ich träumte, daß ich einen Hügel sah, auf dessen Spitze ein Tempel aus Holz stand. Ich stand unten vor diesem Hügel, wo ein Weg anfing, der sich nach oben schlängelte, und dachte: Ich muß dort hinauf! Aber immer, wenn ich anfing, den Hügel zu besteigen, hörte der Traum auf. Kein einziges Mal habe ich die Spitze erreicht …

Dieser Traum spielte für mich eine entscheidende Rolle. Ein javanischer Zimmermann hatte im Auftrag meiner Mutter einen großen Anker-Holzspielkasten für mich verfertigt, so schwer, daß man ihn nicht tragen konnte, mit solchen großen Holzblöcken. Da war alles vorhanden: Pfeiler, Bögen, Bauelemente. Daraus baute ich mir einen griechischen Tempel, auf dem Tisch in meinem Schlafzimmer. Wenn es dunkel wurde, machte ich alle Lichter im Zimmer aus und stellte eine kleine Kerze auf den Altar, den ich im Innern des Tempels errichtet hatte. Danach setzte ich mich auf den Fußboden und schaute zu dem Kerzenlicht hinauf, das ich zwischen den

Säulen hindurchflackern sah, und hatte das Gefühl: Jetzt bin ich wirklich bei diesem Tempel! Der Tempel hat viele Monate auf dem Tisch gestanden, bis meine Mutter fand, daß es jetzt genug damit sei. Sie hielt das alles für Firlefanz.

Viele Jahre später – ich bereitete mich in Semarang (Java) gerade auf mein Abitur vor – bekam meine Schwester Toni plötzlich ernste Malaria. Sie mußte in die Schweiz, um gesund zu werden. Ich bin damals zusammen mit ihr und meiner Mutter nach Europa gegangen und wurde bei einer Familie in Den Haag untergebracht. Im April 1924 schaute bei dieser Familie ein Theosoph vorbei, der erzählte, er sei auf seiner Reise durch Europa in Basel ausgestiegen, um den Tempel der Anthroposophen anzuschauen. Sie hätten einen hölzernen Tempel auf der Spitze eines Hügels gebaut ...

Dann erzählte er weiter, daß «die Katholiken» den Tempel in Brand gesetzt hätten und daß nichts davon übriggeblieben sei. Als ich das hörte, dachte ich: O mein Gott, dann bin ich zu spät! Ich werde meinen Tempel nicht mehr zu Gesicht bekommen! Ich erinnere mich nicht mehr, ob der Mann das Wort «Goetheanum» in den Mund genommen hat. Aber während er erzählte, liefen mir Schauer über den Rücken. Dieses Empfinden hat man nur bei sehr starken Emotionen. Ich dachte: O mein Gott ...

Ich erinnere mich auch noch, daß der Mann von Pfählen erzählte, die entlang dem Weg, der dort hinaufführte, standen. Die oberen Enden dieser Pfähle seien gebogen. Er sei da jemandem mit schwarzem Hut und entsetzlich ernstem Gesicht begegnet, der erklärt habe, diese Pfähle ständen da, um Demut zu veranlagen. Alle mußten lachen, als der Mann das erzählte, nur ich saß da und zitterte.

Das war meine erste Begegnung mit der Anthroposophie, obgleich ich erst später begriff, daß der Mann vom Goetheanum gesprochen hatte. Als ich diese Geschichte hörte, war ich achtzehn Jahre und sieben Monate alt. Es war also mein erster «Mondknoten».[4] Später hatte ich dann die Empfindung: Die Begegnung mit diesem Mann gerade in diesem Moment lag in meinem Karma beschlossen.

Sie kamen also zu spät?
Im selben Jahr war Rudolf Steiner anläßlich der Gründung der «Anthroposofische Vereniging in Nederland» in Den Haag. Aber da war ich gerade mit meinem Abitur beschäftigt und habe ihn also nicht getroffen. 1925 ist Steiner gestorben. Ich habe tatsächlich oft das Gefühl gehabt, zu spät gekommen zu sein.

Um 1923

Die Begegnung
mit der Anthroposophie

Im Jahre 1924 beginnt Bernard Lievegoed sein Medizinstudium in Groningen. Während der ersten Studienjahre begegnet er der Anthroposophie und einigen wichtigen anthroposophischen Freunden wie Ita Wegman und Willem Zeylmans van Emmichoven. Schon bald spielt er eine Rolle in der anthroposophischen Bewegung, sowohl in den Niederlanden als auch in der Schweiz und in Deutschland. 1930 schließt er sein Studium in Amsterdam als praktischer Arzt ab. Im selben Jahr organisiert er gemeinsam mit dem Psychiater Willem Zeylmans, dem damaligen Vorsitzenden der niederländischen Anthroposophischen Gesellschaft und Autor einer Reihe grundlegender Bücher, ein großes internationales anthroposophisches Jugendlager. Direkt danach faßt er den Entschluß, sich der Heilpädagogik zu widmen, der Arbeit mit entwicklungsgestörten Kindern auf anthroposophischer Basis. Im Jahr 1931 beginnt er mit der Arbeit im «Zonnehuis» («Sonnenhaus»), dem ersten heilpädagogischen Institut in den Niederlanden. 1939 promoviert er mit einer Dissertation über *Takt, Rhythmus, Melodie – Grundlagen einer therapeutischen Anwendung musikalischer Elemente,* einer der ersten Arbeiten auf diesem Gebiet überhaupt.

«Ich sah nur ihre Hände»

Ich kam im Jahre 1923, also als ich achtzehn war, nach Europa. Ich plante zunächst, Elektrotechnik zu studieren. Mein ganzes Zimmer war ein einziges Gewirr von Drähten; die Türklinke stand unter Strom, und man mußte erst dreimal anklingeln, bevor ich den Strom abschaltete. Später verfiel ich darauf, daß ich doch besser Chemie studieren könnte. Derselbe Mann, der mir von dem abgebrannten Tempel erzählte, hatte einen Sohn, der auch Chemie studierte, und der hat mir zusammen mit ein paar Freunden einiges über dieses Studium berichtet.

Das war auf dem Boulevard von Scheveningen. Ich kann Ihnen die Bank, auf der wir damals saßen, noch zeigen. Der eine erzählte, daß er eine Stelle bei Sikkens (einem großen Farbenhersteller) habe, und der andere hatte auch schon etwas in Aussicht. Aber ich wurde immer stiller und stiller und dachte: Das Fach ist natürlich interessant, aber soll ich mein Leben wirklich in einer großen Fabrik verbringen? Kurz danach entschloß ich mich, Medizin zu studieren. Das ließ mir alle Richtungen offen: Ich konnte Arzt werden oder eine wissenschaftliche Laufbahn einschlagen ...

Ich habe damals meinen Eltern einen Brief geschrieben und sie um Zustimmung gebeten. Der Zufall wollte es, daß meine Schwester diesen Brief später wiedergefunden hat. Als ich ihn nach so vielen Jahren wieder las, mußte ich doch sehr lachen. Junge, wie schön ich mir die Dinge damals vorstellte! Ich schrieb, daß es doch so ein edler Beruf sei, in dem man den Menschen helfen könne ... Aber im Grunde wählte ich dieses Studium, weil ich mich einfach noch nicht festlegen wollte. Ich wollte frei sein.

Ich ging nach Groningen. Nach Leiden wollte ich nicht, denn da saßen alle meine indonesischen Freunde, und von denen wollte ich jetzt einmal Abstand haben. Groningen war schön weit weg. Ich habe mich dort einige Jahre intensiv mit der Erforschung des Verhaltens von Krebszellen im menschlichen Körper beschäftigt, unter der Leitung des Pathologen und Anatomen Professor Deelman, der damals *der* große Krebsexperte in den Niederlanden war. Ich mußte untersuchen, ob sich Zellveränderungen in der Nähe von Krebszellen finden ließen.

Meine gesamte Freizeit investierte ich in diese Untersuchung, und als ich mein Hochschulexamen hinter mir hatte, erzählte ich dem Professor, daß ich damit aufhören wolle. Dieser sagte: Noch ein halbes Jahr, und Sie können ein kleines Buch darüber schreiben. Ich antwortete: Wenn ich das Buch geschrieben habe, landet es zwischen all den anderen Büchern in Ihrem Schrank, und niemand interessiert sich mehr dafür. Promovieren kann man nur einmal im Leben, und ich will über ein Thema promovieren, hinter dem ich wirklich stehe. Ich will mehr, als dem Meer von Tatsachen, die bereits bekannt sind, noch ein Sandkorn hinzufügen.

Ich bin dann nach Amsterdam gegangen und habe später den Psychiater Professor Carp aufgesucht. Er wußte, daß ich inzwischen Anthroposoph geworden war, und mit ihm kam ich überein, daß ich eine Dissertation über die Grundlagen der Musiktherapie schreiben solle. Carp, das war ein edler Mensch, aber auch eine sehr einsame Gestalt. Er war sehr verschlossen, wodurch er manchmal durchaus etwas gehemmt wirken konnte. Bei ihm habe ich das Fach Psychiatrie studiert. Meine Promotion 1939 war eine Zwischenphase für mich; ich strebte einen wissenschaftlichen Titel an, damit ich mich auch in der offiziellen Psychiatrie zu Hause fühlen konnte. Der Titel der Dissertation lautete: *Takt, Rhythmus, Melodie. Grundlagen einer therapeutischen Anwendung musikalischer Elemente.* 1983 ist noch ein Nachdruck erschienen.

Wie war das mit Ihrer Begegnung mit der Anthroposophie?
Die erste Begegnung habe ich ja schon geschildert. Sie verlief ganz unbewußt. Die zweite geschah im Frühjahr 1926. Meine Eltern kamen zurück in die Niederlande, und ich reiste zusammen mit meiner Schwester nach Genua, um sie vom Schiff abzuholen. Wir wollten danach alle zusammen nach Rom fahren und dort Kunstwerke anschauen und dann Ferien in der Schweiz machen. Als wir in der Schweiz ankamen, lag da ein Brief an meine Mutter von Els Joekes, der Mutter des Politikers; meine Eltern waren eng mit der Familie Joekes befreundet. In dem Brief stand: «Liebe Marie, wenn Du nach Holland kommst, mußt Du mich schnell besuchen, denn ich habe hier dasjenige gefunden, was wir in Niederländisch-Indien immerzu nicht finden konnten. Damit möchte ich Dich sehr gerne in Berührung bringen.»

Das war also die Anthroposophie. Als wir in den Niederlanden ankamen, gab mir Els sogleich das blaue Buch von Ita Wegman und Rudolf Steiner über anthroposophische Medizin (der Titel lautet: *Grundlegendes für eine Erweiterung der Heilkunst nach geisteswissenschaftlichen Erkenntnissen*). Ich fing sofort an, darin zu lesen, und dachte: Das ist es! Während der Physiologievorlesungen hatte ich immer die Empfindung, daß das Bild von den Tatsachen, das einem da vermittelt wurde, nur zum Teil richtig war. Als ich in dem Buch über den Ätherleib und den Astralleib las, dachte ich: Das sind Begriffe, mit denen du arbeiten kannst.

Es kam Ihnen nicht irgendwie seltsam vor?
Im Gegenteil, es war eine vollkommene innere Bestätigung. Aber da ich kurz vor meinem Physikum stand und die Befürchtung hatte, daß ich mein Studium überhaupt nicht mehr zu Ende bringen würde, wenn ich mich jetzt auf die Anthroposophie stürzte, habe ich es nach zwei Kapiteln zur Seite gelegt. So rasch wie möglich das Studium abschließen – und dann war ich ein freier Mensch!

Wann kam es zu den ersten Kontakten mit Anthroposophen?
1926 habe ich in Den Haag dem ersten anthroposophisch-pädagogischen Kongreß beigewohnt, im Pulchri. Da habe ich zum erstenmal all die nächsten Mitarbeiter Rudolf Steiners erlebt, die großen Pioniergestalten der anthroposophischen Bewegung. Willem Zeylmans van Emmichoven zum Beispiel war dort, der Vorsitzender der Anthroposophischen Gesellschaft war, außerdem Herbert Hahn, Walter Johannes Stein und Eugen Kolisko sowie Caroline von Heydebrand und viele andere. Ich weiß noch, daß Kolisko das Podium betrat und, den Kopf zur Seite geneigt, mit seiner stark schleppenden, sehr österreichisch gefärbten Sprechweise bemerkte: «Brille für das Auge ist gleich Plattfußeinlage für den Plattfuß ...»

Was waren das für Menschen! Dieser Walter Johannes Stein zum Beispiel, der donnerte seinen Vortrag in den Saal. Herbert Hahn habe ich später sehr gut kennengelernt, als er bei uns in Zeist wohnte. Er konnte so über Rudolf Steiner sprechen, daß man das Gefühl bekam: Ich habe ihn selber erlebt.

Aber ich ließ mir auch von den anderen über Rudolf Steiner erzählen: Steiner mit den Augen Steins gesehen, mit den Augen von Kolisko oder Zeylmans ...

Man hatte das Gefühl, daß Steiner, der gut ein Jahr zuvor verstorben war, noch in der Aura dieser Menschen lebte. Man vernahm seine Stimme durch ihre Stimmen hindurch. Man konnte ihn gleichsam ständig hören, von vielen verschiedenen Seiten her, immer wieder anders, Steiner durch Stein, Steiner durch Zeylmans ... Ich sagte gelegentlich zu mir selber: Mach dir doch nichts vor, du hast Rudolf Steiner selbst nicht erlebt!

Ich erinnere mich, daß Herbert Hahn 1932 einmal sagte: «Weißt du, was das Tragische an unserer Generation ist? Wir werden uns selbst immer ähnlicher, wir fallen immer mehr zurück in unser persönliches Karma. Als Rudolf Steiner noch unter uns war, wurden wir weit über uns hinausgehoben. Wir vermochten viel mehr durch seine Gegenwart.»

Gingen Sie bald nach Dornach, dem Ort, wo Rudolf Steiner während seiner letzten Lebensjahre gewirkt hat und wo das zweite Goetheanum stand?

Im Jahre 1928 oder 1929, mit meinen Eltern. Als wir dort waren, wurde gerade der *Hüter der Schwelle* aufgeführt, das dritte Mysteriendrama Rudolf Steiners. In der Pause stieg ich mit meinem Vater über die damals noch unbebaute Wiese hinter dem Goetheanum weiter den Hügel hinauf, bis wir so hoch gekommen waren, daß wir auf das Dach hinunterschauen konnten. Dort fragte ich meinen Vater: «Nun, was sagst du dazu?» Und er antwortete in wohlgesetzten Worten, wie immer: «Ich meine feststellen zu können, daß wir uns dem allen nicht länger werden entziehen können!» Er ist dann ebenfalls Anthroposoph geworden, auf seine Weise. Eigentlich war er eher Dichter als Journalist.

Aber begriffen Sie damals, daß dies der Ort war, wo der Tempel gestanden hatte, den Sie nicht mehr haben sehen können?
Aber natürlich. Doch vergessen Sie nicht, daß damals (1928) gerade das zweite Goetheanum fertig war, das Betongebäude, welches heute noch steht. Es war teilweise noch eingerüstet, alles war noch kahl, die Treppen waren noch nicht ganz fertig, überall ragte das Eisen hervor ... Das Gebäude beeindruckte mich zwar durchaus, aber es war nicht mein Tempel. Das ist es auch nie geworden, obgleich ich dort ich weiß nicht wie oft gewesen bin. Nein, das erste Goetheanum hätte ich ganz anders erlebt.

Im Sommer 1929 bin ich wieder hingefahren und habe dann auch die Klinik in Arlesheim, ein paar Kilometer vom Goetheanum entfernt, besucht. Diese Klinik hatte Ita Wegman in enger Zusammenarbeit mit Rudolf Steiner aufgebaut. Ich kam da aus dem strahlenden Sonnenlicht in einen vollkommen dunklen Raum, stehe irgendwo und warte, als sich plötzlich eine Tür auftut und jemand auf mich zugeht. Das war, wie sich zeigte, Frau Dr. Margarete Bockholt, mit der ich später noch viel zusammenarbeiten sollte. Sie hat zusammen mit ihrem Mann, Erich Kirchner, beinahe ein halbes Jahrhundert später ein Buch über Rudolf Steiner und Ita Wegman geschrieben.[5]

Als ich wenig später an einem Tisch Platz genommen hatte, sagte ich zu mir selber: Endlich zu Hause! Ich habe das damals tatsächlich wörtlich so ausgesprochen: Endlich zu Hause! Überall, wohin ich bis dahin gekommen war, hatte ich mich wie ein Gast gefühlt, auch in meiner Jugend. An jenem Tag hatte ich auch das erste Gespräch mit Ita Wegman.

Was für einen Eindruck machte sie?
Ich hatte sie schon einmal früher gesehen, in Den Haag, während eines Ärztetreffens aus Anlaß der Eröffnung der «Rudolf Steiner-Klinik». Die Zusammenkunft war um sechs Uhr nachmittags zu Ende, und da wurde gesagt, Ita Wegman werde am späteren Abend eintreffen. Ich hatte schon viel über sie gehört und wußte natürlich auch, daß sie zusammen mit Rudolf Steiner dieses Buch über Medizin geschrieben hatte. Ich wollte sie kennenlernen und bin also dageblieben ...

Es wurde neun Uhr, zehn Uhr ... und um viertel nach zehn wurde plötzlich die Türe des Eßsaals aufgestoßen, und da kam sie herein – eine hochgewachsene Frau, um den Hals hatte sie einen Fuchspelz geschlagen. Sie nahm auf einem Stuhl Platz und schaute sich um, dabei schlug sie immer wieder den Fuchs um ihre Schultern. Dann legte sie ihre Hände in den Schoß, und ich dachte: Welch merkwürdige Hände ... Ich schaute immerzu nur auf diese Hände. Als ich dann im letzten Zug nach Amsterdam saß, dachte ich: Ich weiß nicht einmal, wie ihr Gesicht aussieht, ich habe nur ihre Hände gesehen ...

Was war das Besondere an diesen Händen?
Daß sie ganz besonders ausdrucksvoll waren ... schlanke Hände mit langen Fingern. Es drückte sich etwas ganz Besonderes in ihnen aus. Ita Wegman war ja nicht nur Ärztin, sondern auch Masseurin.

Wie würden Sie ihre Persönlichkeit beschreiben?
Sie besaß ein einfaches, herzliches Wesen, voller Interesse für jeden. Sie versuchte immer, die Menschen aufzumuntern, sie zu ermutigen. Sie hatte eine große Ehrfurcht vor den Entscheidungen, die Menschen für sich selber trafen. Aber sie war auch realistisch. Als ich einmal ein Gespräch mit ihr führte über die Möglichkeiten der Gründung eines heilpädagogischen Instituts in den Niederlanden, da sagte sie, kurz bevor ich ging: «Noch eines – können Sie Enttäuschungen ertragen?» Ich fragte sie, was sie damit meine. «In der Heilpädagogik», sagte sie, «kann es vorkommen, daß man fünf Jahre lang schwer mit einem Kind gearbeitet hat und es dadurch enorme Fortschritte gemacht hat. Aber dann wird es plötzlich von seinen Eltern abgemeldet, weil vielleicht sein Mützchen im Garten verlorengegangen ist. Können Sie so etwas ertragen?» – «Natürlich», sagte ich. «Na, na», sagte sie, «denken Sie erst einmal gut darüber nach.» Ita Wegman war eine höchst spirituelle Frau und eine sehr praktische dazu. Und sie hatte recht: In der Anthroposophie arbeiten kann man nur, wenn man fähig ist, Enttäuschungen zu verarbeiten.

Nach diesem Besuch in Arlesheim bin ich Mitglied der Anthroposophischen Gesellschaft geworden. Das war ein ganz schöner Schritt. In jener Zeit war das noch so, als ob man katholisch würde …

Innere Vorbereitung

Eigentlich muß ich sagen, daß mein Leben erst richtig anfing in dem Moment, als ich mit der Anthroposophie in Berührung kam. Alles davor war wie ein Traum. Ich war vierundzwanzig, als ich mein Arztdiplom in der Tasche hatte, und fragte mich verwundert: Was hast du eigentlich dafür tun müssen, alles lief doch wie von selber? Ich lernte nun einmal leicht, es war also kein großes Verdienst.

Im Jahr 1930 kam plötzlich der Moment der Selbsterkenntnis. Willem Zeylmans hatte mich gebeten, die Organisation eines großen internationalen anthroposophischen Jugendlagers zu übernehmen, des «Kamp de Stakenberg». Wir Jüngeren hatten das Vorgefühl, daß düstere Zeiten nahten. Die deutschen Nationalsozialisten wurden immer stärker, und innerhalb der Anthroposophischen Gesellschaft gab es große Probleme. Zeylmans hatte damals das Gefühl: Jetzt geht es gerade noch! Er wollte ein großes anthroposophisches Treffen organisieren, all dem Entsetzlichen, das drohte, eine positive Gebärde entgegensetzen.

Hinterher hat sich gezeigt, daß er recht hatte; nachdem die Nazis 1933 in Deutschland einmal an der Macht waren, war so etwas nicht mehr so bald möglich. Zeylmans, Stein und Kolisko hatten schon sehr früh Kenntnis von dem Schicksal, dem Europa entgegenging. Noch *einmal* eine Begegnungsmöglichkeit für Jugendliche aller möglichen Nationalitäten schaffen – das war der Impuls, der uns diese Tagung organisieren ließ.

Gut, ich übernahm also die Organisation. Während der Vorbereitungen auf dem Tagungsgelände kam eine freundliche ältere Dame auf mich zu und sagte: «Ach, Herr Lievegoed, ich hörte, daß Sie Medizin studieren. Haben Sie denn Ihr Physikum schon hinter sich?» Ich antwortete: «Ja, gnädige Frau, ich bin sogar schon fertig mit dem Studium.» – «Nanu», sagte die Dame, «das würde man gar nicht denken, Sie sind doch noch so jung ...» Darauf ich: «Ja, gnädige Frau, aber das wird mit jedem Tag von selber ein wenig besser!» Und ich ging wütend weg.

Aber bei mir selbst dachte ich: Die Frau hat recht! Ich schaute in den Spiegel und stellte fest, daß ich wie ein Siebzehnjähriger aussah. Mein Vater sah auch immer viel jünger aus. Das ist eine Sache der Vererbung, also auch kein Verdienst! Ich dachte: Kann ich mit so einem äußeren Erscheinungsbild denn eine Arztpraxis eröffnen? Die Patienten brechen ja in Lachen aus, wenn sie ins Sprechzimmer hereinkommen und mich sehen. Das war der eine Punkt: Mir wurde plötzlich klar, daß ich zwar mein Arztdiplom in der Tasche hatte, aber dadurch noch lange kein Arzt war.

Der andere Punkt war, daß ich dachte: Ich will mein Fachgebiet mit der Anthroposophie verbinden. Ich stand damals in Kontakt mit dem Krebsinstitut in Amsterdam und war mit den Leuten dort übereingekommen, daß ich meine wissenschaftliche Arbeit fortsetzen konnte. Während der Jugendtagung «Kamp de Stakenberg» habe ich jedoch den inneren Entschluß gefaßt, davon abzusehen. Ich hatte das Gefühl, diese Art von wissenschaftlicher Forschung und die Anthroposophie liegen viel zu weit auseinander. Ich habe mir damals vorgenommen, mich innerlich auf die Arbeit in der Heilpädagogik vorzubereiten. Gut ein Jahr später, im September 1931, habe ich dann in Bosch en Duin das erste heilpädagogische

Institut in den Niederlanden gegründet, das «Zonnehuis». Später zog dieses Institut nach Zeist um, in das Landhaus «Veldheim», ein Gebäude, in dem auch heute noch ein Teil des Instituts beheimatet ist.

Die Entscheidung für die Anthroposophie und ein berufliches Leben innerhalb der anthroposophischen Bewegung hatte sofort weitreichende Folgen. Ich wurde schon sehr bald von Willem Zeylmans van Emmichoven in den Vorstand der Anthroposophischen Gesellschaft gebeten. Dadurch kam ich in enge Beziehung zu Zeylmans. Außerdem begann ich damals mit einem sehr intensiven Studium der Anthroposophie.

Gab es da bestimmte Themen, die Sie besonders beschäftigten?
Schwerpunkte waren die Qualitäten der sieben Planeten und der Begriff der Entwicklung in all seinen Facetten. Immer wieder stieß ich auf die Frage: Was ist Entwicklung? Welches sind die Gesetze der Entwicklung, wie wirken sie in der biologisch-dynamischen Landwirtschaft, im heranwachsenden Kind, in Organisationen, in der Geschichte? Das grundlegende Buch war für mich daher die *Geheimwissenschaft im Umriß*, wo Rudolf Steiner den großen Entwicklungsbogen der Menschheit schildert. Und der Vortragszyklus *Das Initiaten-Bewußtsein* aus dem Jahr 1924, in welchem er das Thema weiter ausgeführt hat.

Was bedeutete Zeylmans für Sie?
Mein eigentlicher Lehrmeister war Rudolf Steiner. Doch auch Ita Wegman und Willem Zeylmans haben in diesem Punkt eine große Rolle gespielt, vor allem in praktischer Hinsicht. Mit ihnen konnte ich in einer ganz konkreten Weise über

allerlei Tatsachen sprechen. Zeylmans war in der Art, wie er die Dinge anging, ein Vorbild für mich. Er war mit tiefen esoterischen Hintergründen der Anthroposophie und der Entwicklung der anthroposophischen Bewegung vertraut. Nie sprach er über Nebensächliches; er konzentrierte seine Aufmerksamkeit immer auf das Wesentliche. Willem Zeylmans führte ein sehr intensives inneres Leben.

Zum erstenmal begegnete ich Zeylmans im Jahr 1926, auf dem ersten pädagogischen Kongreß in Den Haag. Ich saß hinten im großen Saal des Pulchri, als Zeylmans zusammen mit einigen Teilnehmern hereinkam. Er überragte die Menschen um ihn herum um Haupteslänge. Er hatte eben eine große Gestalt. Wenn er mit jemandem sprach, mußte er fast immer seinen Kopf neigen und sich dem Betreffenden «von oben herab» zuwenden. Manche verstanden das nicht und hielten ihn für reserviert oder arrogant.

Zeylmans sah um einiges älter aus, als er in Wirklichkeit war. Er machte auf mich den Eindruck einer uralten Seele. Er muß wohl viele Male Hierophant in alten Mysterien gewesen sein. Ich erlebte mich ihm gegenüber in diesem Zusammenhang als Schüler. Später lernte ich, daß das Verhältnis des Meisters zum Schüler in den alten Mysterien kein einseitiges war – der Lehrer braucht den Schüler genauso sehr wie der Schüler den Lehrer.

Wir waren sehr verschieden als Menschen, und wir waren uns dessen auch bewußt. Er besaß ein starkes Vorstellungsleben und war in der Lage, tiefe Wahrheiten in Worte zu kleiden. Er war auch ein wenig ein Einzelgänger – am kreativsten war er, wenn er mit sich allein war. Ich war mehr ein Willensmensch, mehr auf das Tun orientiert und blühte gerade in der

Zusammenarbeit mit anderen Menschen auf. Alleine bin ich nicht viel wert. Aber weil wir uns dieser Unterschiede bewußt waren, konnten wir sehr gut zusammenarbeiten. Das zeigte sich zum Beispiel am «Kamp de Stakenberg», welches auf seine Idee zurückging und dem er quasi seinen Inhalt gab. Ich war der Organisator und führte die Idee aus. Zeylmans konnte nicht organisieren. So sagte er manchmal: «Für solche Sachen bin ich zu faul.»

Willem Zeylmans ist bis zum letzten Augenblick seines Lebens mein Lehrer geblieben. Er war ein ganz eigenständiger Denker innerhalb der anthroposophischen Bewegung. Seine ganze Gestalt war saturnisch, in seinem Antlitz trat das Skelett hervor. Seine Stirn offenbarte den allumfassenden Denker. Er war ein geistiger Adler, der hoch über der Welt schwebte. Mit denjenigen, denen er sein Vertrauen schenkte, verknüpfte ihn ein Band aus tief verborgener Wärme und absoluter Treue. Die Zeit konnte da zu etwas Unendlichem werden: Wenn man ein tiefes Gespräch mit ihm geführt hatte, konnte es sein, daß das für einige Jahre reichte.

Gegenüber den Menschen war für ihn als Psychiater und Psychotherapeuten die Haltung der absoluten Ehrfurcht vor der Innenwelt des anderen etwas Selbstverständliches, auch dann, wenn der andere nach den gängigen Normen unrecht hatte. Er praktizierte diese Haltung auch in seinem Urteilen über Menschen und Verhältnisse. Ich lernte von ihm, daß dieselben Tatsachen von verschiedenen Gesichtspunkten aus betrachtet werden können und daß mehrere Standpunkte möglich sind. Ohne diese Lebenshaltung hätte er die Stürme, wie sie innerhalb der anthroposophischen Bewegung in den dreißiger Jahren auftraten, nicht durchgestanden!

Zeylmans war ein selbständiger Geistesforscher. Seine Urteile gründeten auf inneren Erlebnissen. Diese Erlebnisse tauchten in ihm beim Aufwachen in Form von Bildern auf. Das war, seiner eigenen Aussage zufolge, der Fall, wenn er längere Zeit mit einer an die höhere Welt gerichteten Frage gelebt hatte. Über diese Bilder sprach er fast nie, doch sie gaben ihm Kraft und Sicherheit. Mehr als einmal sagte er zu mir: «Was wir besprochen haben, ist für mich eine Gewißheit. Aber du mußt mir nicht auf meine Autorität hin glauben. Nimm es als eine Arbeitshypothese, und schau, ob sie sich für dich als fruchtbar erweist oder nicht.»

Im Zentrum seines Lebens stand seine innere «Geburt» durch die Anwesenheit bei der Weihnachtstagung 1923/24. Er sprach stets über die Bedeutung dieser Weihnachtstagung, während derer die Anthroposophische Gesellschaft einer wesentlichen Erneuerung unterzogen worden war. Immer wieder betonte er, daß die Weihnachtstagung einen ganz einzigartigen Moment in der Entwicklung der Anthroposophie darstellte. Wer sich nicht in die Biographie Rudolf Steiners und die Entwicklung der Anthroposophie vertieft hat, dem fällt es zunächst schwer zu begreifen, warum nun ausgerechnet diese Weihnachtstagung so entscheidend gewesen sein soll, nicht nur für die Anthroposophen, sondern auch für die ganze Menschheit. So etwas klingt seltsam und übertrieben, und doch ist es wahr!

Wie stellte Zeylmans die Bedeutung dieser Tagung dar?
Der Kern seiner Ausführungen war immer der: 1923 sind die neuen Mysterien entstanden, das heißt Mysterien, die an das Bewußtsein des modernen Menschen anknüpfen. Die Neu-

gestaltung der Anthroposophischen Gesellschaft sollte, wie auch die Gründung der Freien Hochschule für Geisteswissenschaft, die zur gleichen Zeit stattfand, der Realisierung dieser neuen Mysterien dienen. Außerdem sprach Zeylmans immer über den sogenannten «Grundsteinspruch», jenen Spruch, den Rudolf Steiner während der Weihnachtstagung gesprochen hat. Wir haben beide über diesen meditativen Spruch ein kleines Buch geschrieben, Zeylmans 1956, ich 1987.

Daß Zeylmans damals, in den dreißiger Jahren, die Weihnachtstagung immer so betonte, war keine Selbstverständlichkeit, auch nicht in anthroposophischen Kreisen. In Dornach, dem Zentrum der internationalen Bewegung, wurde der Weihnachtstagung verhältnismäßig wenig Bedeutung beigemessen. Wenn man damals über die Weihnachtstagung sprach, konnte es sein, daß einem entgegnet wurde: «Ja, welche Weihnachtstagung denn? Es gab hier doch jedes Jahr eine Weihnachtstagung!» Zeylmans ruderte mit diesem Thema tatsächlich gegen den Strom. Inzwischen ist das zum Glück anders, heute ist eigentlich jeder in der anthroposophischen Bewegung von dem Bewußtsein durchdrungen, daß damals, in den letzten Tagen des Jahres 1923 und den ersten des Jahres 1924, etwas ungeheuer Wesentliches geschehen ist.

Tragischerweise wurde die Tatsache, daß Zeylmans immer wieder auf die Bedeutung dieser Tagung hinwies, von anderen Anthroposophen – auch in den Niederlanden – als politisch motiviertes Manöver interpretiert. Man dachte, Zeylmans suche eine Mission, mit der er sich innerhalb der internationalen Gesellschaft wichtig machen könne. Ihm wurde vorgeworfen, in Wirklichkeit nur Macht anzustreben. Doch das war meilenweit von der Wahrheit entfernt! Er war persönlich bei der Weihnachtstagung dabei gewesen, und die Ereignisse waren zum Zentrum seines Lebens geworden.

Die Verhältnisse, die Sie in der anthroposophischen Bewegung antrafen, waren also nicht einfach?
Nach Rudolf Steiners Tod im Jahre 1925 traten große Probleme in der anthroposophischen Bewegung auf. Gewaltige Gegensätze wurden sichtbar. Als Steiner noch lebte, waren sie natürlich auch schon dagewesen, doch sie blieben im Untergrund. Steiner hatte die Fähigkeit, Menschen mit den denkbar verschiedensten karmischen Hintergründen zur Zusammenarbeit zu bringen.

In meinem letzten Buch *Alte Mysterien und soziale Evolution* habe ich einmal versucht, diese karmischen Hintergründe anzudeuten. Da gab es zum Beispiel Menschen, die aufgrund früherer Erdenleben eine vornehmlich griechisch geprägte Wesensart hatten und aus griechischen Mysterienerfahrungen lebten. Andere waren innerlich mehr auf die ägyptischen oder die keltischen Mysterien hin orientiert. Man muß sich klarmachen, daß um Rudolf Steiner eine Gruppe von Mitarbeitern entstanden war, die ganz unterschiedliche karmische Hintergründe in sich trugen. In vielen Fällen war es so, daß Menschen, die jetzt zusammenarbeiten mußten, sich in einem früheren Leben bekämpft hatten. Man darf sich keinen Illusionen hingeben über die Emotionen, die dabei ans Tageslicht kommen können!

So mußten zum Beispiel zusammenarbeiten die Aristoteliker und die Platoniker. Wie oft haben sich diese Strömungen nicht gegenübergestanden im Laufe der Geschichte! Auf Leben und Tod! Der eigentliche Auftrag, den Rudolf Steiner seinen Mitarbeitern seit 1923 mitgab, lautete: «Übt im Rahmen der neugestalteten Gesellschaft Toleranz ... lernt miteinander zu arbeiten!» Das mag vielleicht ein bißchen trivial klingen. Doch es handelt sich dabei um mehr als um bloße Kompromißbereitschaft im Hinblick auf die persönlichen Beschränktheiten und Unfähigkeiten des anderen. Der eine hat einen anderen Mysterienhintergrund als der andere, und dadurch entstehen Gegensätze, die einen überpersönlichen Charakter haben. Die Schwierigkeit liegt darin, daß sich diese überpersönlichen Gegensätze im Gewand von persönlichen präsentieren! Deshalb sieht es oft so aus, als ob es sich um persönliche Auseinandersetzungen handele. Und in gewissem Sinne ist das ja auch so. Aber im Grunde geht es darum, daß im sozialen Verkehr miteinander eine Art von Vorstellungskraft entwickelt werden muß, die es einem ermöglicht, die karmischen Hintergründe des anderen, die sich sehr von den eigenen unterscheiden können, wirklich zu begreifen und zu akzeptieren.

Als ich mit der Anthroposophie und mit Anthroposophen zum erstenmal in Berührung kam, wußte ich natürlich noch nichts von alledem. Ich war noch völlig arglos und hatte obendrein die soziale Fähigkeit, mit so gut wie jedermann verkehren zu können. Darum bin ich manchmal ganz schön hereingefallen ...

Inwiefern?
Ich merkte allmählich, daß ich von anderen vor dem Hintergrund dieser Konflikte beurteilt und bewußt benutzt wurde. Es hatten sich Lager gebildet, und jeder tastete jeden ab mit der verborgenen Frage: Zu welcher Partei gehörst du? So gab

es zum Beispiel das Lager um Albert Steffen, den Schweizer Dichter, der nach Steiners Tod dessen Nachfolger als Vorsitzender der Allgemeinen Anthroposophischen Gesellschaft wurde. Und es gab das Lager um Marie Steiner, die Gattin Rudolf Steiners. Aber auch andere Personen spielten eine große Rolle, wie etwa Ita Wegman und Willem Zeylmans.

Ich selber hatte schon bald das Gefühl: Mit *diesem* Kampf hast du karmisch nichts zu tun. Er ist nicht mein Schicksal, im Gegensatz zu Willem Zeylmans, der diesen Kampf führen mußte. Vielleicht wäre alles anders verlaufen, wenn ich ein paar Jahre eher mit der Anthroposophie bekannt geworden wäre. Ich hatte das Gefühl, daß meine Aufgabe irgendwo ganz anders lag. Ich habe immer Freundschaften quer durch alle Lager unterhalten.

Welches waren denn konkret die Streitpunkte?
Na, da gab es einige! Aber ein wichtiger Moment war zum Beispiel 1932, als Albert Steffen, der damalige Vorsitzende der internationalen Gesellschaft, während einer Versammlung sagte: «Ich kann nur Anthroposophen anerkennen, die nach der ‹richtigen Methode› arbeiten» und: «Ich kann in meiner Sektion nur mit Menschen zusammenarbeiten, die imstande sind, ein Traktat auf dem Niveau von Schillers *Ästhetischen Briefen* zu schreiben.» Als ich hörte, wie er das so sagte, da dachte ich bei mir selbst: Na, mein Lieber, kannst du das eigentlich selber?

Albert Steffen hat das alles sicherlich nicht böse gemeint. Aber ab diesem Moment ging die Auseinandersetzung um die «richtige Methode» los. Einer betrachtete den anderen als gefährlich, weil er nicht nach der richtigen Methode arbeitete.

Die Anthroposophie will im individuellen Menschen die Fähigkeit wecken, von der Basis der eigenen geistigen Erkenntnis aus in Freiheit zu handeln. Tut man das nicht und arbeitet man ausschließlich nach dem, wie es «im Buche steht», so folgt man tatsächlich einer Methode.

Ich habe in dieser Zeit viel von Ita Wegman gelernt. Ich saß im Saal während der Generalversammlungen in Dornach, und während da wirklich schreckliche Dinge gesagt wurden, auch über ihre Person, blieb sie ganz ruhig sitzen und schwieg. Hinterher fragten wir sie: «Warum haben Sie denn nichts gesagt?» Da antwortete sie: «Dr. Steiner hat mich gelehrt, daß man Dämonen nicht bekämpfen kann – man kann sie nur aushungern, indem man ihnen keine Nahrung gibt.» Sie war eine außerordentlich starke, souveräne Persönlichkeit. Das Traurige an der Situation war, daß die Persönlichkeiten, die von Rudolf Steiner 1923 in den Vorstand gebeten worden waren, wie Albert Steffen, Ita Wegman oder Marie Steiner-von Sivers, in eine immer größere gegenseitige Entfremdung gerieten.

Zeylmans und Steffen waren anfangs sehr befreundet miteinander. So haben sie einmal eine dreitägige Fußwanderung durch England unternommen. Auch Ita Wegman war mit Steffen befreundet. Wenn in ihrer Klinik ein festlicher Abend für die Patienten veranstaltet wurde, dann kam Albert Steffen und führte Zauberkunststücke vor. Das war sein Hobby. In der späteren Situation war so etwas undenkbar. Wir Jüngeren hatten das Gefühl, daß sich eine düstere Wolke nicht nur über die Anthroposophische Gesellschaft legte, sondern auch über Europa; in der Gesellschaft gab es diese heillosen Konflikte, in Europa war es der aufkommende Nationalsozialismus.

In meiner persönlichen Biographie fiel in diese Jahre auch der Verlust meiner ersten Frau. Ich war eines Abends gerade in Den Haag, wo Herbert Hahn in der Waldorfschule über Goethe sprach, aus Anlaß seines zweihundertsten Todestages. Wir saßen bei Pieter de Haan[6] zusammen, um noch ein wenig über den Vortrag zu reden, als ich einen Anruf von der Krankenschwester bekam, ich solle bitte rasch nach Zeist kommen, meine Frau hätte hohes Fieber. Ich fuhr nach Hause und dachte: O Gott, dieses Horoskop ... also doch! Das Schicksal erfüllt sich ... Die ganzen Jahre hatte ich nicht mehr daran gedacht. Zusammen mit dem anthroposophischen Arzt Galjart aus Den Haag stand ich am Krankenbett, doch wir konnten nichts tun ...

Damals lebte ich in zwei Welten gleichzeitig. In meinem Privatleben gab es diese innere Prüfung, und in der Welt um mich herum herrschte jener Kampf. In diesen schwierigen Jahren habe ich begreifen gelernt, daß das Leben selbst die wichtigste Schule ist.

Was hat Sie das Leben gelehrt?
Das ist schwierig zu formulieren ... Rudolf Steiner hat irgendwann einmal gesagt: Weisheit ist kristallisiertes Leid. – Die Tatsache, daß du in deinem Leben anderen Menschen etwas geben kannst, wie wenig das auch manchmal scheinen mag, hängt direkt mit den Schmerzen zusammen, die du mit dir trägst. Alles Gute entsteht aus Opfern ...

Scheinbar geschlagen

Wenn man so auf die dreißiger Jahre zurückblickt, dann muß man sagen: Wie ist es möglich gewesen, daß in der anthroposophischen Bewegung damals nicht begriffen wurde, worum es eigentlich ging? Rudolf Steiner hat oft über den Anfang der dreißiger Jahre unseres Jahrhunderts gesprochen und darauf hingewiesen, daß in dieser Zeit in der geistigen Welt ein wichtiges Ereignis stattfinden würde: die Erscheinung des Christus in der ätherischen Welt. Wie oft hat er es nicht betont: Es ist von allergrößter Wichtigkeit, daß die Menschheit dieses Ereignis nicht verschläft! Und er sah es als die Aufgabe der anthroposophischen Bewegung an, bei den Menschen Wachheit dafür zu erzeugen!

Was muß man sich unter diesem «Erscheinen des Christus in der ätherischen Welt» vorstellen?
Rudolf Steiner hat oft dargestellt, daß Christus in der Menschheitsentwicklung eine zentrale Rolle spielt. Er beschrieb ihn als ein göttliches Wesen, das sich während dreier Jahre mit der menschlichen Individualität verbunden hat, die wir als Jesus von Nazareth kennen. Ziel dieser Verbindung war die Opfertat am Kreuz auf Golgatha. Das Sterben des Christus war ein Opfer für die Menschheit; durch seinen *irdischen* Tod und die Auferstehung, die auf ihn folgte, hat seither jeder Mensch die Möglichkeit, in seinem Inneren Zugang zu seinem eigenen Ich zu finden. In gewissem Sinne kann man sagen, daß Christus den Menschen ihr Ich, und damit ihre Freiheit, ihre geistige Autonomie geschenkt hat. Das ist die tiefere Bedeutung des Mysteriums von Golgatha.

Nach dem Mysterium von Golgatha, genauer: nach der Himmelfahrt, ist Christus weiterhin in der geistigen Welt wirksam. Rudolf Steiner beschreibt nun, daß in demjenigen Gebiet, das unmittelbar an die physische Welt grenzt, dem ätherischen Bereich also, im zwanzigsten Jahrhundert ein neuerlicher Tod und eine neue Auferstehung des Christus stattfinden werden. Durch diese Auferstehung des Christus in der ätherischen Welt werden immer mehr Menschen zu demselben Erlebnis kommen, welches Paulus vor Damaskus hatte: Sie werden durch eine Art natürliches Hellsehen die ätherische Gestalt des Christus *schauen*. Und durch dieses Schauen des Christus wird eine innere Sicherheit entstehen, eine durch nichts zu unterminierende Kraft, mit welcher man den negativen Gegenkräften entgegentreten kann. Steiner sagte einmal, es sei die Aufgabe der Anthroposophie, die Menschheit für diese Erfahrung wach zu machen, das heißt den Sinn dafür zu wecken, daß es sich dabei um ein konkretes geistiges Erlebnis handelt.

Als einen besonderen Zeitpunkt nannte er in diesem Zusammenhang der Erscheinung des Christus in der ätherischen Welt – das Jahr 1933. Es ist dasselbe Jahr, in dem Hitler in Deutschland an die Macht gelangte. Der Nationalsozialismus – er war nichts anderes als ein Versuch der Gegenmächte, die Menschheit vom Erleben der Christuserscheinung in der ätherischen Welt abzulenken! Indem in den Menschen wilde Emotionen, Haßgefühle und so weiter hervorgerufen wurden, waren ihre Seelen verdunkelt, so daß sie nicht mehr fähig waren, innerlich etwas von dem wahrzunehmen, was sich gleichzeitig in der ätherischen Welt vollzog. Hitler war ein Medium dämonischer Wesen, die alles daransetzten, die Menschen innerlich in große Unruhe zu stürzen. Er handelte eigentlich fortwährend wie aus einem Trancezustand heraus.

Gab es Ihrer Meinung nach einen Zusammenhang zwischen dem Aufkommen des Nationalsozialismus und den Konflikten innerhalb der Anthroposophischen Gesellschaft?
In der Anthroposophischen Gesellschaft war über den ätherischen Christus gesprochen worden. Für die Dämonen stellte sie darum den größten Feind dar. Denn dort gab es Menschen, die über dieses Ereignis Bescheid wußten. Nur: Diese Menschen wußten das zwar, aber sie trugen dieses Wissen nicht immer in ihren Herzen! Sie dürfen nicht vergessen, daß die Anthroposophie von vielen Menschen überaus intellektuell erfaßt wurde. Es gab Anthroposophen, die unglaublich gut wußten, was Rudolf Steiner gesagt hat. Aber Ita Wegman zum Beispiel war überhaupt nicht intellektuell eingestellt. Sie war eine sehr intuitive Persönlichkeit, die nicht den Weg über die intellektuelle Erkenntnis ging. Das haben viele nicht verstanden. In diesem Einander-nicht-verstehen-Können lag der eigentliche Kern des Problems.

Rudolf Steiner muß das vorausgesehen haben. Als er, schon auf dem Sterbebett, gegenüber Ita Wegman andeutete, daß man doch ernsthaft mit seinem Ableben rechnen müsse, fragte sie ihn verzweifelt: «Aber was soll denn dann mit uns geschehen?» Da antwortete er: «Dann wird das Karma walten.» Damit meinte er: Dann werdet ihr alle in euer persönliches Karma zurückfallen. Und das ist dann tatsächlich auch geschehen. Die Kräfte der Integration waren innerhalb der Anthroposophischen Gesellschaft noch zu schwach.

Was war denn die tiefere Ursache seines vorzeitigen Todes?
Das Sterben Rudolf Steiners ist im tiefsten Sinne ein Mysterium. Warum ging er gerade in diesem Moment? Ich weiß es nicht. Ein wichtiges Ereignis war natürlich die Vernichtung des ersten Goetheanum, das in der Silvesternacht des Jahres 1922 durch Brandstiftung verlorenging. Steiner hat auch angedeutet, daß er seit diesem Brand stark geschwächt war. Vergessen Sie nicht, daß er dieses Bauwerk mit den Kräften seines eigenen Ätherleibs errichtet hat – in diesem großen Gebäude war etwas von seiner eigenen Substanz mit drinnen. Durch den Brand war er geschwächt. Sein Stoffwechsel wurde immer schlechter. Seine Nieren hörten so gut wie ganz zu arbeiten auf, und zuletzt ertrug er keine Nahrung mehr ...

Sprachen Sie häufig mit Ita Wegman und Willem Zeylmans über diese Konflikte?
Es gab Zeiten, da taten wir nichts anderes! Schon 1929, als ich Mitglied der Gesellschaft wurde, habe ich davon gehört. Wir Jüngeren fragten uns fortwährend: «Wie können wir als eine Gruppe, die in den Konflikten keine Geschichte hat, diese überwinden und eine Gesellschaft aufbauen, die davon unbelastet ist?» Das war einer unserer Impulse bei der Organisation des «Kamp de Stakenberg» im Jahr 1930, wo tatsächlich alle möglichen Strömungen unter den jüngeren Anthroposophen vertreten waren.

Dieses Lager war ein letzter Versuch, eine große anthroposophische Manifestation in die Welt zu stellen, sie auf eine überzeugende Weise zu präsentieren. Eine große, kraftvolle, christliche Bewegung ... Und das ist tatsächlich gelungen! Die jungen Leute fühlten stark die Bedrohung durch den

Nationalsozialismus, während die Älteren unter den Mitgliedern das kaum beachteten. Ich weiß noch, daß ich im Jahr 1934 drei Tage mit Willem Zeylmans und Pieter de Haan in Stuttgart war, um dort mit den deutschen Freunden über die Probleme innerhalb der Anthroposophischen Gesellschaft zu sprechen. In einer der Nächte, als wir gerade dort waren, fand der sogenannte Röhm-Putsch statt. Röhm war der Stabschef der SA und beliebter beim Volk als Hitler, der damals schon an der Macht war.

In dieser Nacht stürmte Hitler das Hauptquartier von Röhm und ließ ihn verhaften. Später wurde Röhm von der SS erschossen. In dieser Nacht zogen Panzer und Truppen durch die Straßen Stuttgarts, und die Sirenen heulten. Über das Radio wurde ein Ausgangsverbot verhängt. Erst um vier Uhr morgens wurde Entwarnung gegeben, und wir konnten in unser Hotel zurückkehren. Hitler hatte Angst vor einem Aufstand aus den Reihen der SA und hatte darum der SS den Auftrag erteilt, die gesamte SA in ihren Quartieren zu umzingeln. Diese Röhm-Nacht war etwas Entsetzliches – vollkommen dämonisch!

Wir lebten in jener Zeit in einer gewaltigen geistigen Spannung. Würden die Dämonen losbrechen oder nicht? Wir erlebten die Ereignisse als einen direkten Angriff auf den anthroposophischen Impuls. Im nachhinein muß man sagen: Diejenigen, die 1933 eigentlich hätten bereitstehen müssen, waren durch die Dämonen ausgeschaltet worden!

Sie haben sich dann entschieden, einen eigenen Weg zu gehen.
Richtig. Die Initiative für das «Kamp de Stakenberg» wurde von vielen Anthroposophen ab dem Augenblick seiner ersten

Ankündigung angegriffen. Das weckte unsere Kampflust. Wir sagten uns: «Daß wir angegriffen werden, ist der Beweis dafür, daß wir etwas Wichtiges tun, wir lassen uns nicht unterkriegen!»

Einen Monat lang haben wir, das heißt hundertzwanzig Studenten, im Sommer des Jahres 1930 in der Nähe von Harderwijk am Aufbau des Lagers gearbeitet: Das bedeutete, daß Küchen aufgebaut und die vom Militär gemieteten Zelte und das große Zirkuszelt mit einem Fassungsvermögen von zwölfhundert Menschen aufgestellt werden mußten, außerdem mußte unendlich viel geregelt werden ... Als wir anfingen, gingen wir von etwa vierhundert Teilnehmern aus, doch innerhalb kürzester Zeit gab es sechshundert Anmeldungen. Schließlich wurden es tausend, und da haben wir gesagt: Also mehr geht wirklich nicht!

Aber am ersten Tag zeigte es sich, daß zwölfhundert Menschen aus siebenundzwanzig Ländern gekommen waren! Es gab eine Gruppe von siebzehn rumänischen Studenten, die auf dem Fahrrad quer durch Europa nach Holland gekommen waren. Auch aus Deutschland kamen viele, auf alle möglichen Arten. Es gab Engländer, Norweger, Amerikaner und Neuseeländer ... Auch die großen Pioniere waren dabei: Walter Johannes Stein, Eugen Kolisko, Elisabeth Vreede ...

In der anthroposophischen Bewegung schuf die Tagung böses Blut.
Viele Anthroposophen fanden, daß es ein oberflächliches Unternehmen war. Auf diese Weise ging man doch nicht mit der Anthroposophie um! Stellen Sie sich vor, fünfhundert Menschen machen Eurythmie, noch dazu *auf offener Heide!* In

einem *Zirkuszelt* wird über Anthroposophie gesprochen! Alles war ein einziger Beweis für unsere fehlende Ehrfurcht vor der heiligen Anthroposophie. Aber es wurden beeindruckende Vorträge gehalten, von Zeylmans, von Stein. Alle wichtigen Themen der Anthroposophie kamen an die Reihe. Und es gab Kurse über Naturwissenschaft, über Medizin, Landwirtschaft und so weiter.

1935 fand dann jenes schicksalhafte Ereignis statt: Willem Zeylmans, Ita Wegman und viele andere wurden gegen ihren Willen als Mitglieder aus der Anthroposophischen Gesellschaft ausgeschlossen. Damals erlitt Zeylmans – er war ungefähr 35 Jahre alt – im Zug, auf der Rückfahrt von Dornach, einen Herzanfall, und wir dachten alle, er verläßt uns ... Über diesen Herzanfall äußerte er sich später so: «In dem Moment, als ich aus der Gesellschaft ausgeschlossen wurde, bin ich tödlich verwundet worden. Meine Aufgabe ist dadurch unausführbar geworden.» In diesen Jahren erlebte ich ihn wie einen Adler, dem die Flügel gestutzt worden waren. Er litt unter der Tragik. Damals sagte er: «Was mit der Weihnachtstagung von Rudolf Steiner beabsichtigt war, ist jetzt um Jahrzehnte zurückgeworfen worden!»

Was blieb übrig? Ende 1990, Anfang 1991 haben wir den Golfkrieg erlebt. In den dreißiger Jahren herrschte genau dieselbe Atmosphäre, nur eben direkt vor unserer Haustüre. Jeden Tag konnte man in den Zeitungen lesen, was Hitler sich nun wieder ausgedacht hatte. Als 1939 der Krieg ausbrach, war das in gewisser Hinsicht sogar eine Erleichterung: Man wußte jetzt endlich, woran man war. Die Bedrohung der dreißiger Jahre war unsagbar schwer. Und die Anthroposophische Gesellschaft hatte ihr Mitspracherecht verwirkt – wenn man seine eigenen Probleme nicht zu lösen vermag, dann hat man keinerlei Recht, der Welt Lösungen ihrer Probleme vorzuschlagen!

Ich habe mich in dieser Zeit stark in die Heilpädagogik zurückgezogen. Dort warteten ganz konkrete Aufgaben – nämlich die, Kindern, die in ihrer körperlichen, psychischen und geistigen Entwicklung gefährdet waren, zu helfen. Außerdem haben wir 1936 und 1938 noch zwei weitere Jugendtagungen für niederländische Teilnehmer organisiert.

Fühlten Sie und Ihre Freunde sich geschlagen?
Wir fühlten uns in ein kleineres Gebiet abgedrängt, doch innerlich nicht geschlagen. Es war schwierig, die Welt zu erreichen. In Deutschland war die Arbeit unmöglich, und in Dornach hatte sich die anthroposophische Bewegung in zwei Lager gespalten, eines um Albert Steffen und eines um Marie Steiner-von Sivers. In Stuttgart, dem zweiten wichtigen Zentrum der Bewegung, waren die Lehrer der allerersten Stunde, wie Stein und Kolisko, von der Waldorfschule buchstäblich weggeekelt worden. Der Glanz von einst war dahin. Diese Lehrer machten, einer nach dem anderen, eine enorme innere Tragik durch: Kolisko, der schon 1939 verfrüht stirbt, Walter Johannes Stein, der als Halbjude den Krieg überlebt, innerlich jedoch immer mehr zusammenschrumpft.

Stein flüchtete aus Deutschland.
Ja, nach England. Das Leben in Deutschland war zu gefährlich für ihn. Außerdem fühlte er sich nicht mehr zu Hause in Stuttgart oder in Dornach. Auch Herbert Hahn ist damals geflüchtet, in die Niederlande, wie auch Ernst Lehrs und

Maria Röschl, die Leiterin der Jugendsektion. Alles fiel auseinander.

Wie war die Situation in der Niederländischen Gesellschaft?
Die internationale Spaltung wirkte sich auch in der niederländischen Situation aus. Hier gab es eine Minderheit, die dem Dornacher Kurs folgen wollte, und eine große Gruppe, die auf der Seite von Willem Zeylmans stand. Die großen, entsetzlichen Generalversammlungen in Dornach wurden hier im kleinen wiederholt. Erst 1960 war diese Situation überwunden. Willem Zeylmans hatte sich als Vorsitzender der Niederländischen Gesellschaft immer weiter dafür eingesetzt, die Spaltung rückgängig zu machen. Und es ist ihm schließlich gelungen! Fünfzehn Jahre nach dem Krieg fand die Wiedervereinigung statt. Für Zeylmans persönlich hatte das eine große Bedeutung. Er wollte, daß der Konflikt für die nachfolgenden Generationen gelöst sei. Doch die Wunde, die da geschlagen war, ist niemals mehr völlig verheilt.

Jahre des Aufbaus

1948 veröffentlicht Lievegoed das Buch *Entwicklungsphasen des Kindes*. Immer stärker kommt er mit dem Aufbau verschiedenster Industriezweige in den Niederlanden in Berührung, was im Jahr 1954 zur Gründung des *Nederlands Pedagogisch Institut (NPI)* führt, einem Institut für Organisationsentwicklung. Im selben Jahr erhält er eine außerordentliche Professur für Sozialpädagogik an der Niederländischen Hochschule für Ökonomie, der späteren Erasmus-Universität in Rotterdam. 1961 wird er der Nachfolger seines Freundes Willem Zeylmans van Emmichoven als Vorsitzender der Anthroposophischen Gesellschaft in den Niederlanden. 1963 wird er Dekan der Abteilung Gesellschaftswissenschaften der Technischen Hochschule Twente und muß aus dem Nichts eine ganze Fakultät aufbauen. 1971 erfolgt dann die Gründung der *Freien Hochschule* (Vrije Hogeschool) in Driebergen, deren Rektor er bis 1982 ist. In diesen Jahren publiziert er Bücher über die verschiedensten Themen: Organisationsentwicklung, Heilpädagogik, die zu erwartenden Entwicklungen in der Welt am Ende dieses Jahrhunderts, Wege der inneren Entwicklung und Mysterienströmungen. 1983 überreicht ihm der niederländische Verlegerverband die »Goldene Gänsefeder« als Ausdruck der Würdigung der Bedeutung seines publizistischen Werks für die niederländische Kultur.

Mit einem Karren durch den Schnee

Im Frühjahr 1939 erfolgte dann die Teilmobilmachung, und ich mußte zum Militär einrücken. Man übertrug mir die Organisation des psychiatrischen Dienstes für das Feldheer, nicht etwa, weil ich so besonders fähig gewesen wäre, sondern einfach deswegen, weil ich aufgrund meines Alters den Rang eines Kapitäns hatte, während alle anderen Psychiater Leutnant waren ... Ich leitete eine Truppe von vierundzwanzig Psychiatern, und unser Standort war Utrecht. Ich hatte noch einen Vorgesetzten über mir, einen Major, der übrigens mit Zeylmans befreundet war. Er hieß Jaap Sauvage Nolting und war ein Lebensgenießer, der nichts lieber tat, als in der Sonne zu liegen und zu lesen. Er komponierte außerdem Opern für Kinder. Ich hatte keine Lust, immer jemanden über mir zu haben, und habe damals zu Nolting gesagt: «Jaap, du sitzt hinterm Schreibtisch und unterschreibst die Sachen, die ich dir vorlege, und ansonsten hast du frei und brauchst nichts zu tun.» Nun, die Zusammenarbeit lief wie geschmiert!

Im Zuge der Mobilmachung wurden Menschen eingezogen, die vor zwanzig Jahren zum letztenmal eine Kaserne von innen gesehen hatten und sich inzwischen als schizophren entpuppt hatten. Solche Menschen gerieten in größte psychische Probleme. Wir waren dazu da, diesen Menschen zu helfen, was in der Praxis oft bedeutete, daß sie ausgemustert wurden. Auch hatten wir alle möglichen Formen von Streß und Nervenzusammenbrüchen zu behandeln. Ich fand diese Arbeit interessant, weil es da wirklich etwas zu tun gab. Das ging so bis zur deutschen Invasion.

Daneben leitete ich noch immer das «Zonnehuis» in Zeist,

das heilpädagogische Institut, das ich 1931 gegründet hatte. Im November 1939 mußte es evakuiert werden, weil unser Hauptgebäude, Veldheim, zum Hauptquartier des Feldheers wurde. General van Voorst tot Voorst zog als Stabschef des niederländischen Heeres in mein Sprechzimmer ein.

Schließlich fanden wir Unterkunft in einem alten Sanatorium in Scheveningen. Doch das dauerte nicht lang, denn das Heereshauptquartier wurde nach der deutschen Invasion natürlich aufgehoben, und die Gebäude waren wieder frei. Wir zogen also wieder ein, aber mitten im Krieg mußten wir aufs neue das Feld räumen, weil die Deutschen beschlossen hatten, daß ihr Marinehauptquartier in Zeist stationiert werden sollte. Dort waren sie außer Reichweite der englischen Kanonen! Veldheim ist damals ein halbes Bordell gewesen ... Uns wies man «de Witte Hull» zu, ein anderes Gebäude in Zeist.

In «de Witte Hull» verbrachten wir den sogenannten Hungerwinter. Dort hatten wir die Möglichkeit, viele Menschen, die untergetaucht waren, zu verbergen. Es gab bei uns auch ein paar jüdische Kinder, die wir natürlich offiziell nicht haben durften. Für die hatten wir das Gartenhaus des «Witte Hull» eingerichtet. Später ging das nicht mehr, und wir mußten für sie Adressen suchen, wo sie untertauchen konnten.

«De Witte Hull» war völlig von SS-Truppen umgeben, die in der Nähe ihr Lager hatten. Ich mußte auf meinem Motorrad immer ihre Wachtposten passieren, um auf unser Gelände zu kommen. Sogar als die SS dort stationiert war, waren bei uns immer einige Leute untergetaucht. Sie waren sicher, gerade weil die SS in der Nähe war – sie wurden in gewissem Sinn durch die SS geschützt!

Gegen Ende des Krieges haben die Deutschen ein paar von

unseren Jungen abgeführt. Die mußten bei Arnhem Schützengräben ausheben, während sie von den englischen Soldaten unter Beschuß genommen wurden, die versuchten, die Rheinbrücke einzunehmen. Einer von unseren Jungens, der geistig zurückgeblieben war, hatte überhaupt nicht begriffen, was sich eigentlich abspielte, und blieb einfach aufrecht stehen, als die Engländer das Feuer eröffneten. Er wurde von einer Granate getötet. Aber lassen Sie uns aufhören mit diesen Dingen ... es ist so viel passiert damals ...

Wie kamen Sie denn während des Hungerwinters an Lebensmittel?
Das war ein riesiges Problem. Der Zufall wollte es, daß der Leiter einer biologisch-dynamischen Gruppe in Dornach, Hans Heinze, als Besatzer Kommandant von Harlingen wurde. Ich kannte ihn gut, weil er vor dem Krieg oft nach «Loverendale» gekommen war, dem ersten biologisch-dynamischen Betrieb in den Niederlanden. Heinze besorgte Säcke mit Kartoffeln für uns, die er per Schiff nach Utrecht schickte, wo wir sie dann abholen konnten. Ab und zu kam er auch mal zu Besuch, und dann brachte er uns Brot aus der Offizierskantine mit.

Mit einem Karren durch den Schnee nach Utrecht und zurück, um Kartoffeln zu holen, viele, viele Kilometer zu Fuß, immer in der Hoffnung, nicht von den deutschen Besatzern ertappt zu werden – ich weiß, was es bedeutet, auf der Flucht zu sein und nichts zu essen zu haben. Wissen Sie, das Schlimme am Krieg ist, daß er einen dazu bringt, völlig in der äußeren Welt zu leben. Man lebt von einem Tag auf den anderen, von der einen Situation zur anderen. Bei mir war es jedenfalls so, daß ich aus meinem Innenleben herausgeholt wurde, meine innere Biographie schien auf eigenartige Weise stillzustehen. Ich war vollständig auf das äußere Dasein gerichtet.

Während des Krieges brach dann außerdem noch eine Scharlachepidemie aus. Zum Glück haben all unsere Kinder sie überstanden, doch in der Folge bekam ich selbst noch kein Jahr danach die Krankheit. Ich war todkrank, es traten allerlei Komplikationen auf, Fieber über 41° – aber ich lag quietschvergnügt und singend im Bett und fand, daß sich alle grundlos Sorgen um mich machten. Jeder hatte Angst, ich würde sterben. Aber ich erlebte alle möglichen Dinge während meines Krankenlagers. Und eines dieser Erlebnisse ist für den Rest meines Lebens sehr wichtig gewesen.

Als die Krankheit ihren Höhepunkt erreicht hatte, stellten sich bestimmte Visionen ein. Ich erlebte mit, was in Rußland passierte, und ich hörte ständig eine Stimme, die sagte: Schlacht bei Uman, Schlacht bei Uman ... Was ich da erlebte, war der Rückzug der deutschen Truppen – eine endlose Ebene, über die in unregelmäßiger Gruppierung und zusammenhanglos Soldaten zogen. Dann erschien ein Bauernkarren, der von einem Pferd gezogen wurde, und auf ihm ein junger deutscher Soldat, der im Sterben lag ...

Ich sah damals, was dieser Soldat erlebte: Aus der Ferne kam eine Gestalt auf ihn zu, die durch das Land watete, wie man durch Wasser watet. Eine mächtige Lichtgestalt. Als sie nahe herangekommen war, starb der junge Mann. Ich erlebte das Bild so stark, daß es immerfort anwesend blieb, und ich habe oft gedacht: Du hast das nicht umsonst mitgemacht. Gefühlsmäßig brachte ich das Bild des sterbenden Soldaten oft in

Zusammenhang mit dem bekannten Spruch: «In Christo morimur» – «In Christus sterben wir». Seitdem, darf ich wohl sagen, weiß ich, was beim Sterben geschieht. Sie müssen sich gut vergegenwärtigen, daß ich in diesem Moment selber an der Schwelle stand.

Sie sagten, durch den Krieg sei Ihre innere Biographie gleichsam zum Stillstand gebracht worden. Brachte denn die Befreiung wieder mehr Ruhe für das innere Leben?
Nach der Befreiung 1945 fing eine eher turbulente Zeit an. Das «Zonnehuis» mußte wieder nach Veldheim umsiedeln, sechzig Kinder und dreißig Mitarbeiter tauchten unversehrt aus den Kriegswirren auf, und innerhalb von sieben Jahren wuchs das «Zonnehuis» auf ungefähr 230 Kinder an. Das brachte sehr viele Probleme mit sich. 1947 haben wir die Villa Stenia hinzugekauft, so daß das Institut nun aus zwei Häusern bestand: einem für sozial gestörte Kinder und einem für körperlich behinderte Kinder. Es war eine Zeit, in der ungeheuer viel los war. Dennoch lebte ich damals stark in meiner inneren Biographie. In dieser Zeit kam ich in eine Krise.

Es fing mit einem unserer Kinder an, Diederik, der kurz nach der Befreiung Diphterie bekam und daran auch gestorben ist. Er war gut fünf Jahre alt geworden. Nun hatten wir ihn verloren. Das war für mich der zweite große Schlag in meinem persönlichen Leben. Erst meine Frau und nun dieses Kind. Ich war verzweifelt. Äußerlich schien alles gut zu gehen. Das «Zonnehuis» wuchs, wir hatten ein anthroposophisches Sommerlager in Blaricum organisiert, doch im Innern fragte ich mich: Was ist das Ziel meines Lebens? Die Menschen um mich herum sagten: Bernard, du hast wichtige Aufgaben zu erfüllen für die behinderten Kinder im «Zonnehuis». Und das stimmte natürlich – dem konnte ich nichts entgegnen. Aber nachts lag ich wach und stellte mir ständig die Frage: Warum muß ich zweimal in meinem Leben jemanden aus meiner nächsten Umgebung verlieren? Und: Was ist meine eigentliche Aufgabe in diesem Leben? Ich fühlte, daß ich meine Bestimmung noch nicht gefunden hatte.

In dieser Situation erreichte mich eine Anfrage von Wim Schukking, der damals Sekretär der Gesellschaft für Handel und Gewerbe war. Er suchte für deren Jahresversammlung Menschen, die etwas Vernünftiges zum Thema Wiederaufbau der Industrie in den Niederlanden beitragen konnten. Jemand sollte über die Finanzierung des Aufbaus sprechen und jemand anders über die Frage, ob es in Holland quantitativ genügend Fachkräfte gebe, um die Industrie in Schwung zu bringen. Ich wurde nun gebeten, etwas zu sagen über die Frage: Was muß sich in Schule und Unterricht ändern, damit diese Industrie auch qualitativ florieren kann?

Wim Schukking hatte ich während des Krieges kennengelernt. Er wohnte an einem Kai in Amsterdam-Zuid. Der Richter Hans Heinz organisierte Sonntagabend-Vorträge für die Menschen dieses Häuserblocks. Es herrschte damals Ausgangssperre, man durfte nach acht Uhr abends nicht mehr unterwegs sein. Also stiegen die Leute aus ihren Dachfenstern und liefen über das Flachdach zur Wohnung von Hans Heinz. Dort sprach ich dann vor einem Auditorium von etwa zwanzig Menschen über Waldorfpädagogik!

Schukking bat mich also, auf dieser Jahresversammlung über die Erziehungsfrage zu sprechen. Ich sagte zu ihm: «Aber Wim, du kennst doch meine komischen Ansichten über Erziehung?» – «Ja ja», sagte er, «aber das ist überhaupt kein Problem, die Leute wollen sie gerne hören.» Und er hatte recht, der Vortrag war ein großer Erfolg. Danach bekam ich allerlei Einladungen von den regionalen Abteilungen der Gesellschaft für Handel und Gewerbe, so auch aus Hengelo. Nach einem Besuch dort trat Willem Stork, der Direktor der Betriebsfürsorge der Firma Stork an mich heran und fragte, ob er einmal mit mir über bestimmte Probleme sprechen könne, die er in seinem Betrieb hatte. Aber ich war noch nie in einer so großen Maschinenfabrik gewesen! Kurz und gut – so kam es, daß ich in den Bereich des Betriebslebens hineingeschlittert bin ... Es zeigte sich, daß ich doch ein wenig darüber Bescheid wußte, denn durch das «Zonnehuis» und vor allem durch die Periode des raschen Wachstums, die wir dort gerade erlebt hatten, kannte ich die organisatorischen Probleme expandierender Institutionen. Einer der Fehler, die bei Stork gemacht wurden, war, daß sie viel mehr junge Kräfte ausbildeten, als sie jemals unterbringen konnten.

Ich gelangte danach von einem Betrieb in den anderen, und ich bekam es überall mit sozialen Problemen und Ausbildungsfragen zu tun. Alles in den Niederlanden expandierte, bestehende Betriebe mußten umstrukturiert werden, Familienbetriebe mit ihrem spezifischen Pionierstil mußten einen Schritt weitergebracht werden und so fort – alles war in Entwicklung.

Anfang der fünfziger Jahre wurde mir der Lehrstuhl für Sozialpsychologie an der Wirtschaftswissenschaftlichen Fakultät in Rotterdam angetragen. Ich lehnte ab. Ein Jahr später fragten sie wieder an, und da sagte ich ja – unter der Bedingung, daß ich das Fach «Sozialökologie» nennen durfte. Das fand man irgendwie abwegig – Sozialökologie an einer ökonomischen Fakultät! Schließlich wurde die Bezeichnung «Sozialpädagogik» vorgeschlagen. Und dabei ist es dann geblieben.

Ich wollte nicht aus Büchern, sondern aus der Erfahrung dozieren und brauchte daher ein Institut, das sich in seiner Arbeit tatsächlich praktisch mit dem Betriebsleben auseinandersetzte. So wurde 1954 das *Nederlands Pedagogisch Instituut voor het Bedrijfsleven* begründet, in Verbindung mit dem Lehrstuhl. Später hieß es dann *NPI – Institut für Organisationsentwicklung*. Bis 1971 habe ich dort mitgearbeitet.

Ich brauchte genügend Betriebskapital, um fünf Mitarbeiter während eines Zeitraums von zwei Jahren bezahlen zu können. Dafür haben dann einige der großen Unternehmen Geld zur Verfügung gestellt: Shell, Philips, AKZO und Unilever. Von «De Nederlanden» (einer Versicherungsgesellschaft) bekamen wir die gesamte Büroausrüstung geschenkt. Es waren immer die sozial engagierten Leute aus den Betrieben, die uns unterstützten.

Wie hing das NPI mit der Anthroposophie zusammen?
Wenn Sie mich fragen, was ich wirklich mit dem NPI wollte, so kann ich folgendes sagen: Ich hatte aus meinen Erfahrungen der dreißiger und vierziger Jahre den Schluß gezogen, daß die Anthroposophie in Europa zu einem Kulturfaktor werden müsse. Dieses Ziel hat einen äußeren und einen inneren Aspekt. Der äußere beinhaltet, daß sie auch wirklich sichtbar werden muß in der Gesellschaft, und zwar durch die Taten, die wir ausführen. Es gab damals nicht mehr als die Rudolf-Steiner-Klinik in Den Haag, eine ziemlich große Waldorf-

schule ebenfalls dort und drei etwas kleinere in Amsterdam, Rotterdam und Zeist. Als Bewegung war die Anthroposophie also kaum erkennbar.

Mit dem NPI wollte ich mich in die Welt hineinbegeben. Das bedeutet, daß man Gesichtspunkte entwickeln muß, einen anthroposophischen Blickwinkel hinsichtlich der sozialen Probleme, mit denen man konkret etwas tun kann. Diese Gesichtspunkte haben wir nach und nach entwickelt. In meinem Buch *Organisationen im Wandel* habe ich sie später ausführlich dargestellt.

Auch hier wieder das Motiv der Entwicklung?
Ja, und zwar der Organisations-Entwicklung. Diesen Terminus haben wir in den Niederlanden eingeführt. Heute benutzen ihn alle. Ich meinte damit, daß jede Organisation gewissen Gesetzmäßigkeiten unterliegt und darum im Laufe ihrer Entwicklung immer wieder bestimmte Schwellenpunkte überschreitet. Es ist wichtig, diese Schwellen zu erkennen. Wenn das nicht geschieht, so entstehen schiefe Verhältnisse, wie zum Beispiel ein überalterter Pionierbetrieb, in dem der Gründer-Pionier wirklich alles regelt und dominiert und es nicht fertigbringt zu delegieren.

Ein Betrieb muß erkennen, daß in einem bestimmten Augenblick die Pioniersituation vorbei ist und nun eine Situation geschaffen werden muß, in welcher auch andere Personen zu Initiativträgern werden. Man kann das an vielerlei Symptomen sehen, daß ein Pionierbetrieb reif ist für die nächste Phase: Der Direktor kennt nicht mehr alle Mitarbeiter persönlich, die Kunden sind anonym geworden, und man spricht vom «Markt», die neu eingeführten Techniken erfordern höher qualifizierte Spezialisten, das Familienkapital ist nicht mehr ausreichend und so weiter. Mitte der fünfziger Jahre bestand das Betriebsleben in den Niederlanden zum großen Teil aus solchen «schief gewachsenen» Pionierbetrieben!

Die Phase, die darauf folgen muß, nannte ich die der «Differenzierung». In der «Pionierphase» liegen beispielsweise Produktionsplanung, -ausführung und -kontrolle noch in derselben Hand. In der nächsten Phase müssen diese Funktionen entflochten und mehr oder weniger autonom durchgeführt werden. Innerhalb des Betriebs muß sich dann eine Aufgabenteilung herausbilden, mit getrennten Organen und Verantwortlichkeiten. Mich hat immer die Frage beschäftigt: Auf welchem Wege entwickelt sich ein Betrieb von der einen Phase zur nächsten? Wie verlaufen solche Prozesse, und wie kann man sie steuern? Auch die zweite Phase kommt irgendwann an ihre Grenzen: Ein differenzierter Betrieb läuft fest, wenn die Entscheidungsprozesse starr und formell werden und das Reaktionsvermögen des Betriebs als ganzem verlorengeht, wenn allmählich Kommunikations- und Koordinationsprobleme entstehen und Mitarbeiter ihre Motivation zu verlieren drohen.

Die nächste Schwelle, die überschritten werden muß, ist die zur Phase der «Integration»: Jeder Teilbereich eines Betriebs, das gilt auch für jeden individuellen Menschen darin, steht dann in einer sinnvollen, freien Relation zum Ganzen.

Als ich mein Buch über diese Fragen publizierte, das war 1969, mutete das alles noch utopisch an. Aber wenn man sich im heutigen Betriebsleben umschaut, sieht man deutlich, daß die ersten Fragestellungen in dieser Richtung bereits auftauchen!

Die neue esoterische Haltung

Parallel zu der Arbeit für das NPI, die eine starke Orientierung auf die Außenwelt bei mir bewirkte, verlief in diesen Jahren ein anderer, mehr innerlicher Strom. 1948 fragte mich Willem Zeylmans, ob ich die «Klassenstunden» in Amsterdam halten wolle. Und da das ein nicht allgemein bekannter Aspekt der Anthroposophie ist, möchte ich dazu einiges ausführen.

Während der Neubegründung der Anthroposophischen Gesellschaft 1923 wurde in Dornach auch die «Freie Hochschule für Geisteswissenschaft» eingerichtet. Diese Hochschule stellt in gewissem Sinne das Herz der anthroposophischen Bewegung dar. Sie besteht aus verschiedenen Sektionen oder Fakultäten, so gibt es eine naturwissenschaftliche Sektion mit einer Abteilung für Landwirtschaft, eine medizinische, eine mathematisch-astronomische, eine pädagogische Sektion, eine für die bildenden Künste und so weiter.

Äußerlich hat diese Hochschule die Form einer Art von Universität, doch von ihrem inneren Aspekt her ist ihr Ziel die Erneuerung der alten Mysterien. Die Freie Hochschule am Goetheanum war von Rudolf Steiner als eine neue Mysterienschule intendiert, in welcher man durch Übung bestimmter Fähigkeiten zur Erkenntnis übersinnlicher Wirklichkeiten gelangt. Dies nicht nur im allgemeinen Sinn, wie es im Buch *Wie erlangt man Erkenntnisse der höheren Welten?* beschrieben wird, sondern auch mit dem ganz speziellen Ziel, die erworbenen Erkenntnisse bis zur praktischen Anwendbarkeit in den verschiedensten Fachgebieten zu bringen. Man kann in gewisser Weise sagen, daß die Hochschule den wissenschaftlichen Kern der anthroposophischen Bewegung bildet.

Wenn ich «Wissenschaft» sage, dann meine ich das allerdings im Sinne von «Geisteswissenschaft», das heißt einer Wissenschaft, die nur von Menschen betrieben werden kann, die sich ernsthaft um eine innere geistige Entwicklung bemühen, die die Grundlage ihres denkenden, fühlenden und wollenden Handelns in der Welt bildet.

Im Mittelpunkt dieser Hochschule steht die «Allgemeine Anthroposophische Sektion». In ihrem Rahmen hielt Rudolf Steiner seit Beginn des Jahres 1924 die sogenannten Klassenstunden, Zusammenkünfte meditativen Charakters, die unmittelbar dem Ziel dienten, Erkenntnisfähigkeiten zu entwickeln, mit denen übersinnliche Wirklichkeiten erforscht werden können. Er plante damals (1923/24) die Einrichtung von drei Klassen, die drei Schritte, drei Ebenen der inneren Entwicklung repräsentieren sollten. Die erwähnten Klassenstunden wurden für die Erste Klasse gehalten, die nach der Weihnachtstagung eingerichtet wurde. Zur Bildung der beiden weiteren Klassen ist es nicht mehr gekommen.

Welche Intention ist mit dieser Ersten Klasse verbunden?
Die erste Stufe, die Erste Klasse also, ist von Rudolf Steiner als ein Weg angelegt, der in der Welt beginnt, in der wir stehen. Sie endet bei der Begegnung mit dem eigenen höheren, geistigen Ich. Schritt für Schritt wird dieser Weg im Laufe der 19 Stunden, die Rudolf Steiner 1924 hielt und deren Texte mitstenographiert wurden, zurückgelegt. Die Mitglieder der Ersten Klasse der Freien Hochschule für Geisteswissenschaft nehmen immer wieder aufs neue an diesen 19 Stunden teil, jeden Monat einmal, und mit jedem neuen Zyklus kann sich das Erleben dieses Weges intensivieren.

Ein paar Wochen vor seinem Tod führte Rudolf Steiner noch ein Gespräch mit seinem österreichischen Freund Graf Polzer-Hoditz. Am Ende dieses Gesprächs – Polzer hat es unmittelbar anschließend aufgezeichnet – äußert sich Rudolf Steiner über das Lesen der Klassenstunden in Österreich und sagt: In dieser Schule liegt der Keim eines Zukünftigen, *der Möglichkeit nach.* Wenn die Mitglieder das nur verstehen würden: *der Möglichkeit nach!* Wenn Sie die Klassenstunden halten werden, wo auch immer, so denken Sie vor allem bitte immer daran, daß Sie, indem Sie es tun, nicht irgendeinen lehrreichen Vortrag vorlesen, sondern daß Sie eine *Handlung* vollziehen – eine kultische Handlung, die uns mit dem Mysterienstrom aller Zeiten in Verbindung bringen kann ...

Die Klassenstunden wurden auch in den Niederlanden gehalten.
Ja. Rudolf Steiner hatte Zeylmans damit beauftragt, diese Stunden regelmäßig auch in Holland zu halten, für die Menschen, die den Entwicklungsweg dieser Schule mit Ernst und Verantwortungsgefühl gehen wollten. Infolge der Schwierigkeiten innerhalb der Anthroposophischen Gesellschaft wurden diese Stunden in den dreißiger Jahren nicht regelmäßig gehalten.

Nach dem Krieg erlaubte es die Situation in der Gesellschaft wieder, einen neuen Anfang damit zu machen. Zeylmans lag daran, daß sie jetzt wirklich regelmäßig stattfanden. Er bat mich 1948, die Klassenstunden in Amsterdam zu halten. Er selbst wollte es in Den Haag und Pieter de Haan in Zeist tun. In Amsterdam fanden wir schließlich ein gutes Unterkommen im Haus des Arztes Frank Wijnbergh in der

Roemer Visscherstraat am Vondelpark. Über viele Jahre hinweg sind dort die Klassenstunden gehalten worden.

Dadurch, daß ich die Klassenstunden hielt, mußte ich mich intensiv mit den Inhalten, die Rudolf Steiner während dieser 19 Stunden gegeben hatte, auseinandersetzen. Ich mußte den Aufbau des Ganzen innerlich durchleben und mir unter anderem die Frage nach der Bedeutung der «Klasse» innerhalb der gesamten anthroposophischen Bewegung stellen. Den Schlüssel zur Antwort auf diese Frage fand ich in einem Kurs, den Rudolf Steiner kurz nach der Weihnachtstagung für junge Ärzte gehalten hat.[8]

Er eröffnet den Kurs mit der Mitteilung, daß sich die Anwesenden als Mitglieder der Freien Hochschule betrachten könnten. Dieser Kurs, sagt er, werde im Rahmen der soeben begründeten Hochschule gehalten und somit auch im Rahmen der «neuen Mysterien», obwohl zu diesem Zeitpunkt noch keine Klassenstunden gehalten worden waren!

Immer wieder spricht es Rudolf Steiner nach der Weihnachtstagung aus: Es muß ein «neuer esoterischer Zug durch die Gesellschaft gehen.» Was meint er mit diesem neuen esoterischen Zug? Über diese Frage habe ich lange nachgedacht. Niemand konnte sie mir beantworten. Durch das Studium des erwähnten Jungmedizinerkurses, vor allem aber auch durch Gespräche mit Willem Zeylmans fand ich schließlich eine Antwort.

In dem Kurs geht es um die Ausbildungsstufen der Ärzte. Die erste Ebene, die hier in Frage kommt, nennt Steiner die exoterische. Da geht es um das Studium der gesamten Anthroposophie, welches schließlich zur Ausbildung eines imaginativen Bewußtseins führen kann, das heißt eines Bewußtseins, das über Bilder Zugang zu geistigen Wirklichkeiten gewinnt. – Die zweite Ebene beschreibt er als die esoterische: Man geht dabei innerlich über eine Schwelle, und dasjenige, was man sich auf der ersten Ebene angeeignet hat, kommt jetzt in neuer Weise auf einen zu. Es findet eine meditative Vertiefung statt, die dazu führt, daß man die Dinge als wesenhaft zu erfahren beginnt. Man erlebt nicht mehr nur die Bilder, in die sich die geistigen Wirklichkeiten hüllen, sondern man fängt jetzt an, diese Wirklichkeiten direkter zu erfahren. So spricht Rudolf Steiner denn auch nicht mehr über Kräfte beziehungsweise über Heilwirkungen von Pflanzen und Metallen, sondern über geistige *Wesen*, angefangen bei den sogenannten Elementarwesen, die in allen Lebensprozessen wirksam sind, bis hin zu den hohen Wesen aus der Hierarchie der Engel, die die Entwicklung der Menschheit begleiten.

Auf dieser zweiten Ebene gilt ständig die Frage: Welche Wesen sind in den äußeren Erscheinungen wirksam? Welche Wesen offenbaren sich in Pflanzen und Metallen, in Krankheiten, ja auch in sozialen Phänomenen? Was man vorher auf der Ebene der Imagination wußte, das dringt nun tiefer in die Seele ein und wird zu einem wirklichen Erlebnis. Im vierten Vortrag des Kurses sagt Steiner: Ich höre jetzt auf, über Substanzen zu reden, ich werde ab jetzt über *Wesen* reden ...

Was für Wesen sind da gemeint, und wie wirken sie im Heilprozeß?
In diesem Fall handelt es sich um Wesen der elementarischen Welt. In alten Märchen heißen sie zum Beispiel Zwerge und Elfen. Diese Wesen existieren tatsächlich, wenn sie für das physische Auge auch unsichtbar sind. Solche Wesen sind in

allem wirksam, was mit den Lebensprozessen zusammenhängt, also auch in Heilmitteln. In der Materie sind allerlei Wesen verborgen, die gewissermaßen in sie hineingebannt sind und durch den Vorgang des Potenzierens befreit werden. Dadurch kann es zu einer Begegnung dieser Wesen mit den Elementarwesen kommen, die in unserem Stoffwechsel aktiv sind und die wir in der herkömmlichen Wissenschaft nur hinsichtlich ihrer biochemischen Wirkungen beschrieben finden. Diese Biochemie ist nicht unwahr, sie ist jedoch nur eine Reduktion dessen, was da wirklich stattfindet. Was bedeutet es zum Beispiel, wenn heute festgestellt wird, daß bestimmte Zellen in der Lage sind, bestimmte Substanzen zu «erkennen» beziehungsweise zu vernichten? *Wer* erkennt denn da etwas, *wer* vernichtet? Und *wer* heilt?

Heilen beruht auf Begegnung, der gegenseitigen Begegnung von Wesen. Dadurch kommt eine neue Entwicklung in Gang. Im therapeutischen Gespräch ist es die Begegnung eines Ich mit einem anderen Ich, bei der Wirksamkeit eines Heilmittels ist es die Begegnung eines Elementarwesens mit einem anderen Elementarwesen. Aber dafür muß in der Zubereitung des Heilmittels den darin aktiven Wesen eine «Hilfe» gegeben werden, damit sie sich aus ihrem Gefangensein in der Substanz befreien können. Und das geschieht in der anthroposophischen Medizin durch das Potenzieren und das rhythmische Verdünnen.

Willem Zeylmans hat oft in seinen Vorträgen ausgesprochen, daß Dinge wesenhaft werden müßten. Durch den Jungmedizinerkurs habe ich verstehen gelernt, was Zeylmans damit meinte – und worin demnach die Bedeutung der «Klasse» lag: In der Klasse werden die Dinge an den Punkt geführt, wo sie sich als wesenhaft erweisen! Ich habe mir das immer so erklärt:

In den alten Mysterienkulturen gab es den Tempel und den Vorhof. Auf dem Vorhof konnten die Menschen kommen und gehen, wie sie wollten; da wurden die Mysterienspiele abgehalten, das heißt die Geheimnisse der Welt- und Menschenschöpfung in Form mythischer Bilder verkündet. Auf diesem Vorhof konnte man sich auf der Grundlage der Unverbindlichkeit aufhalten. Aber wenn man sich entschloß, an den echten Mysterien teilzunehmen, dann überschritt man die Schwelle und betrat das Innere des Tempels. Da wurden dann auch Anforderungen an einen gestellt. So ist es auch mit der Klasse: Sie bildet den Mysterientempel, den wir als Schüler betreten.

Dieses Wahrnehmen von Wesen – hatte es auch Konsequenzen für Ihre Arbeit am NPI?
Willem Zeylmans plante ein großes Buch über die kosmischen Wesenheiten, die Hierarchien der Engel, Erzengel, Archai und so weiter. Aber er konnte das nicht allein durchführen und bildete damals eine Gruppe von acht Menschen, unter denen er die Aufgaben verteilte. Ich sollte ein Kapitel über die Wirkungen kosmischer Wesen im sozialen Leben übernehmen. Das Buch ist nie zustande gekommen, aber dennoch – mich hat seit den Gesprächen, die wir damals in dieser Gruppe geführt haben, die Frage weiter beschäftigt, wie man in all dem, was man im sozialen Bereich erlebt, die Wirkung geistiger Wesen erkennen kann!

Und wie erkennt man sie da?
Zunächst einmal: Man muß im Hinblick auf das soziale Le-

ben nicht länger ausschließlich in Termini wie Eifersucht, Angst oder in welchen psychologischen Kategorien auch immer denken. Man muß lernen, in *Wesen* zu denken und sich bestimmte Fragen zu stellen, etwa: Welches luziferische Wesen verbirgt sich hinter der Eifersucht? Welches hinter dem Hochmut, der Lügenhaftigkeit? Welches ist die Eigenart ahrimanischer Wesen, asurischer Wesen?[9] Diese Wesen haben keine stoffliche Gestalt und verbleiben im übersinnlichen Bereich. Aber ganz allmählich entwickelt man die Fähigkeit, diese übersinnlichen Wesen sozusagen bis an die Grenze der sinnlichen Wahrnehmung heranzuführen.

Was ist das für ein «Heranführen»?
Ich drücke mich ganz bewußt so aus: das Heranführen bis an die Grenze des Sichtbaren, weil ich nicht den Anschein erwecken möchte, ich sei hellsichtig und könne sie in ihrer übersinnlichen Gestalt schauen. Das ist nicht der Fall. Aber ich habe sie tatsächlich bis an die Grenze der Sichtbarkeit geführt. Sie sind Realitäten geworden. Damit meine ich, ich habe angefangen, so mit ihnen zu leben, wie man mit Realitäten lebt, die man wirklich mit Augen schaut. Ich habe nur selten öffentlich darüber gesprochen, weil die Menschen meistens schockiert sind über so etwas oder es mißverstehen.

Wie praktiziert man das, ein Heranführen solcher Wesen bis an die Grenze des Sinnlichen?
Man kann sich zum Beispiel die Frage stellen: Welche geistigen Mächte sind in der Weltpolitik am Werk und mit welchen Intentionen? Man kann natürlich weiterhin auf der Ebene der politischen Termini bleiben, aber dann kommt man

nie zu einer wirklichen Erkenntnis. Erst wenn man anfängt zu begreifen, daß ganz bestimmte luziferische und ahrimanische Wesen in den Seelen der Menschen wirken und ihr Handeln beeinflussen, überall auf der Welt, beginnt man zu sehen, was sich wirklich abspielt.

Der Kern der Esoterik ist, daß man nicht länger bei den Erscheinungen stehenbleibt, sondern das Wesenhafte hinter den Erscheinungsformen kennenlernt. Man führt diese Wesen bis an die Grenze der Sinneswelt, indem man die Charakteristika ihrer Wirkungen aufspürt. Luziferische Wesen zum Beispiel wecken Illusionen oder stark auf die Vergangenheit orientierte Gefühle. Der Wunsch, die Dinge möglichst so zu erhalten, wie sie immer gewesen sind – das ist ein luziferisches Empfinden.

Ahrimanische Wesen dagegen rufen zum Beispiel seelenlose Abstraktionen im Denken hervor. Die Neigung, das soziale Leben so zu organisieren, wie man eine Maschine konstruiert, ohne das Einmalige, Unvorhersehbare einzuplanen, ist in jedem Menschen irgendwo vorhanden – das ist eine ahrimanische Tendenz ...

Durch den ersten Schritt, das Studium der Anthroposophie, lernt man die Charakteristika kennen, durch den zweiten Schritt, den eigentlich esoterischen, werden sie einem zu Realitäten.

Inwiefern wird unser Handeln von der Erkenntnis dieser Wesen bestimmt?
Außer der exoterischen und der esoterischen Ebene gibt es noch eine dritte. Rudolf Steiner bezeichnet sie als die *moralische*. Sie impliziert ein *Handeln* aus esoterischer Erkenntnis,

aus Intuition. Denn die erste Phase führt zur Imagination, die zweite zur Inspiration und die dritte zur Intuition. In seinem Buch *Die Stufen der höheren Erkenntnis* stellt Rudolf Steiner dar, was er mit diesen Begriffen meint.

Intuition ist demnach das Handeln auf der Grundlage esoterischer, wesenhafter Erkenntnisse. Man kann natürlich auch auf der Grundlage der rein äußeren, normalen Erkenntnis handeln. Man kann zum Beispiel Pädagogik im Waldorf-Lehrerseminar studieren und das dort Gelernte in der Praxis anwenden. Aber dann arbeitet man, sofern man nichts Zusätzliches tut, eben nach einer Methode. Dasselbe gilt für die biologisch-dynamische Landwirtschaft und die anthroposophische Medizin. Wenn man bei der ersten Phase stehenbleibt, so handelt es sich eben um nichts weiter als um die Anwendung einer Methode. Jede Methode ist erlernbar, dafür braucht man keine esoterischen Erkenntnisse.

Doch das Handeln auf der Grundlage esoterischer Erkenntnisse ist noch einmal etwas völlig anderes. Da geht es nicht länger um die Anwendung einer Methode, sondern um das Arbeiten auf der Grundlage von Erkenntnissen, die ich mir aus eigener Kraft erworben habe; die nicht nur in meinem Denken leben, sondern außerdem zu einer echten Realität in meinem Fühlen und Wollen geworden sind! Ich bestimme mein Handeln selbst und weiß, daß ich auch selbst dafür verantwortlich bin. Ich kann diese Verantwortung nicht mehr auf andere abschieben, auf eine Methode, auf Rudolf Steiner oder auf wen auch immer. Ich bestimme selbst, ob eine Handlung gut ist oder nicht. Und diese Entscheidung hat einen moralischen Charakter, darum weist Rudolf Steiner auf diese Ebene als die «moralische» hin. Der Kern des Inhalts der

Ersten Klasse ist, daß sie uns lehrt, die Dinge als wesenhaft zu sehen, esoterisch.

Darin unterscheidet sich die Esoterik der Geisteswissenschaft Rudolf Steiners von der herkömmlichen Wissenschaft. In der herkömmlichen Wissenschaft darf nicht nach dem Wesen der Dinge gefragt werden. Was ist das Wesen der Elektrizität? Im Sinne der herrschenden Auffassungen ist dies keine legitime Frage. Man darf keine ontologischen Fragen stellen; man kann höchstens nach der *Wirkung* der Elektrizität fragen. Also nicht: Was *ist* Wärme?, sondern: Wie *wirkt* Wärme? Und genau um diese Fragen dreht es sich in der Geisteswissenschaft!

Empfanden Sie eine Diskrepanz zwischen dieser esoterischen Arbeit und der Tätigkeit für das NPI?
In gewisser Hinsicht natürlich, ja. Ich konnte über derlei Dinge im allgemeinen nicht mit den Kunden des NPI sprechen. Aber das war auch gar nicht notwendig. Die Kunden hatten ihre Fragen und Probleme, und bei denen setzten wir an. Das NPI hat nicht die Aufgabe, missionarisch für die Anthroposophie zu wirken, sondern versucht, Menschen und Organisationen bei ihren Problemen Hilfe zu bieten.

Aber wenn je Fragen bezüglich des anthroposophischen Hintergrundes des NPI gestellt wurden, so gingen wir natürlich darauf ein. Zum Glück war das oft der Fall. In der heutigen Zeit sind überall Menschen zu finden, die geistig am Erwachen sind. Aber: Man muß immer warten, bis eine Frage gestellt wird. Willem Zeylmans van Emmichoven sagte oft: «Sektierertum ist das Beantworten von Fragen, die nicht gestellt worden sind!» Rudolf Steiner hat wiederholt darauf hingewiesen, daß sogar der Eingeweihte nicht mit etwas hervortreten darf, wenn die Welt nicht darum gefragt hat. Übrigens war es jedermann bekannt, daß die Mitarbeiter des NPI Anthroposophen waren.

Es gab einen Zusammenhang zwischen meiner Arbeit im NPI und dem Lesen der Klassenstunden. Um die Anthroposophie zu einem Kulturfaktor werden zu lassen, waren zwei Dinge notwendig: Einerseits mußte die anthroposophische Bewegung in der Kultur sichtbar werden. Auf der anderen Seite war es notwendig, daß immer mehr Menschen in der anthroposophischen Bewegung sich entschlossen, auf der Grundlage einer esoterischen Haltung zu arbeiten. Dadurch entstehen die guten Inspirationen und Intuitionen. Die äußere und die innere Arbeit harmonisch miteinander zu verbinden, darum ging es mir; das eine geht nicht ohne das andere.

In anthroposophischen Kreisen erntete das NPI viel Kritik. So wurde zum Beispiel behauptet, das NPI habe sich zu stark mit den Interessen des Betriebslebens identifiziert, wodurch es der Anthroposophie untreu geworden sei.

Ich weiß. Wenn man auf der ersten Ebene handelt – und das ist in 99,9 Prozent der Fälle so –, dann entstehen immer Diskussionen darüber, was aus anthroposophischer Sicht richtig oder unrichtig ist. Ich habe es stets als meinen inneren Auftrag erlebt, für die soziale Anerkennung der Anthroposophie zu kämpfen. Das läßt sich nur ausführen, wenn man sich wirklich in die Welt hineinbegibt und den Menschen hilft. Man kann erst dann etwas von der Gesellschaft fordern, wenn man zuvor selber etwas dazu beigetragen hat. Bis jetzt, so sagte ich mir, haben wir als Anthroposophen in der Hauptsache Vorträge gehalten. Jetzt müssen wir einen neuen Schritt machen. Wir wollen uns mit den echten Problemen der Menschen verbinden und schauen, ob wir ihnen helfen können. Das bedeutet, daß man manchmal durchaus Dinge tut, die in den Augen der anthroposophischen Theoretiker ein Greuel sind.

Für mich ist es uninteressant, ob ich methodisch richtig oder falsch handle. Für mich zählt, ob ich in einer ganz bestimmten, konkreten Situation etwas Fruchtbares tun kann. Das Gute ist immer situationsgebunden. Als Organisationsberater hat man es mit Entwicklungswegen von Menschen und Organisationen zu tun. Darum geht es, und nicht um die Frage, was einer an anthroposophischen Wahrheiten zu verkünden hat. Die Entwicklung eines Menschen oder einer Organisation als Ausgangspunkt zu nehmen – diesen Weg habe ich all die Jahre zu gehen versucht. Das soll nicht heißen, daß ich dabei keine Fehler gemacht hätte. Aber ich glaube nicht an unveränderliche Methoden, die irgendwo schwarz auf weiß formuliert zu finden sind.

Manche Anthroposophen nahmen es mir übel, daß ich mich mit «diesen schlechten Menschen» aus dem Betriebsleben einließ. Denn das Betriebsleben war in ihren Augen etwas Ahrimanisches. Und das ist natürlich durchaus wahr: Im Betriebsleben sind starke ahrimanische Kräfte wirksam. Aber ich behielt immer in Gedanken, was Rudolf Steiner einst über die Schicksalshintergründe der «Industriekapitäne» geäußert hat: Diese Menschen haben in einem früheren Leben an den späten Mysterien teilgenommen, das heißt in der Zeit nach 800 vor Christus. In den Mysterien haben sie große Weisheiten aufgenommen, wenngleich diese bereits einen luziferischen

Charakter hatten. In ihrer jetzigen Inkarnation müssen diese Menschen nun sozusagen als Gegengewicht genauso tief in das Ahrimanische eintauchen, um ihr Karma wieder in Ausgleich zu bringen. Das ist ihr Schicksal.

Wenn ich einen noch relativ jungen Mann von vielleicht siebenunddreißig Jahren sehe, der einen Betrieb mit 5000 Leuten leitet, dann frage ich mich: Woher kann der das? In solchen Menschen wirken alte Einweihungen nach. Soll ich nun so ein Schicksal aufgrund bequemer methodischer Moralisiererei ablehnen? Soll ich sagen: Damit will ich als Anthroposoph nichts zu tun haben? Mir kommt das ziemlich arrogant und lieblos vor. Diese Haltung ist sektiererisch; man schließt sich dadurch von der Wirklichkeit, die einen umgibt, ab. Man kann niemandem helfen, wenn man nicht mit ihm Freud und Leid teilt. Und im heutigen Betriebsleben herrscht viel Leid ...

Zu spät gekommen, zu früh aufgebrochen

1961, ich hatte noch alle Hände voll zu tun mit dem NPI und der Universität, trat ich nach dem Tod von Willem Zeylmans dessen Nachfolge als Vorsitzender der Anthroposophischen Gesellschaft in den Niederlanden an. Er hatte mich schon früher einmal gefragt, ob ich sein Nachfolger werden wolle, und ich hatte ihm geantwortet, daß ich es schrecklich fände und außerdem kaum mit demjenigen vereinbar, was ich in meiner damaligen Lebensphase zu tun hatte. Zwei so völlig unterschiedliche Aufgaben ... Da sagte er: «Das weiß ich, und gerade deswegen frage ich dich! Ich halte mich an das alte jüdische Sprichwort: Gib denen die Macht, die sie nicht begehren ... Denk mal darüber nach, ich hoffe trotzdem, daß du ja sagen wirst!» Ich habe also darüber nachgedacht, aber ich wußte von vornherein, daß es unvermeidlich war. Ich konnte und durfte es Zeylmans gegenüber nicht ablehnen.

Hatten Sie das Gefühl, daß die Gesellschaft Sie als Vorsitzenden akzeptierte?
Die Mehrheit der Mitglieder sicherlich. Aber kleinere Gruppen absolut nicht. Es gab Leute, die waren der Meinung, daß es niemanden gab, der so jemanden wie Zeylmans ersetzen konnte. Ich hegte in dieser Richtung überhaupt keine Illusionen.

Wie gingen Sie mit diesem Widerstand um?
Ich machte mir wenig daraus. Ich sah es als meine Aufgabe an, die Anthroposophie in die Öffentlichkeit zu führen, sie in der Gesellschaft zu verwurzeln. Auf diese Aufgabe konzentrierte ich mich. Für mich persönlich habe ich versucht, derartige Probleme mit Humor anzugehen. Außerdem kann ich gut mit Menschen auskommen, die sagen, «das sehe ich anders», denn das schafft Deutlichkeit. Doch indirekten Widerstand, den habe ich nie gemocht.

Mein Bestreben war es eigentlich immer, Menschen mit völlig unterschiedlichen Ansichten und Hintergründen in der Zusammenarbeit zu vereinigen. Gerade dadurch wird das, was man tut, fruchtbar!

Sie sind bis 1975 Vorsitzender geblieben. Wie charakterisieren Sie im Rückblick Ihre Arbeit für die Gesellschaft?
Ich war eine Übergangsfigur. Ich hatte stets die Empfindung: Ich bin ein Jahr nach Rudolf Steiners Tod mit der Anthroposophie in Berührung gekommen, und ich werde wieder verschwunden sein, bevor der nächste große Impuls kommt. Rudolf Steiner hat ja vorausgesagt, daß gegen Ende dieses Jahrhunderts ein neuer kräftiger Impuls aus der geistigen Welt erfolgen wird. Ich erlebe davon jetzt nur den Anfang. Mein Schicksal ist es, eine Brücke zwischen diesen beiden großen Bewegungen, derjenigen vom Anfang des Jahrhunderts und derjenigen vom Ende des Jahrhunderts, zu bauen.

Sie kamen also gerade etwas zu spät, und Sie gehen gerade ein wenig zu früh?
Ja, genau.

Eine Tür, die offensteht

1971 erfolgte die Gründung der «Vrije Hogeschool» in Driebergen bei Zeist. Genau wie bei der Arbeit des NPI hatte diese Sache ihre exoterische und ihre esoterische Seite. Die exoterische lag darin, daß ich zehn Jahre lang auf Bitten der Kuratoren der Hochschule für Ökonomie in Rotterdam als Studentenpsychiater tätig war. Während dieser zehn Jahre hielt ich einen Tag pro Woche Vorlesungen, und einen Tag hielt ich dort Sprechstunde für Studenten.

Ich bekam es da unter anderem mit Studenten zu tun, die in ihrem dritten oder vierten Studienjahr entdeckten, daß sie das falsche Studium gewählt hatten. Dadurch gerieten sie in innere Probleme, Depressionen, Hilflosigkeit ... Außerdem gab es solche, die nicht die geringste Ahnung hatten, wie sie ihr Studium angehen sollten, auch in praktischer Hinsicht: wie man zum Beispiel einen Auszug aus einem wissenschaftlichen Buch anfertigt und so fort. Es waren Leute darunter, die ein Drittel des Buchs abschrieben und dann meinten, sie hätten eine Zusammenfassung gemacht. Hinterher waren sie überrascht, wenn sie bei den Examen durchgefallen waren. Das ganze Buch, sagte ich immer wieder, muß auf einer einzigen DIN-A4-Seite zusammengefaßt werden können. Dann bekommt man einen Überblick.

Ich habe damals angefangen, für die ersten Semester Kollegs über das Thema «Studieren und Studentsein» zu halten, vor Sälen mit tausend Studenten ... Nach einem halben Jahr gab ich den Mut auf. Mit tausend Leuten gleichzeitig reden, das ging einfach nicht. Damals entstand der Gedanke eines propädeutischen Jahres für Studenten. Das hat schließlich zur Einrichtung eines solchen Jahres an der TH in Twente geführt und ein Jahr später dann an der Freien Hochschule in Driebergen. Dort gibt es dieses Jahr heute noch.

Mein anderer Gedanke war folgender: Wir sind mit der Anthroposophie bis in die Kindergärten, die Grundschulpädagogik und in das höhere Schulwesen durchgedrungen, aber noch nicht bis zur Ebene der Hochschulen. Wir verfügen vielleicht nicht über genug qualifizierte Menschen, um ganze Fakultäten allein zu bestreiten, aber um einen Anfang zu machen, sind es allemal genug. Schon 1956 hatte Zeylmans versucht, eine psychologische Fakultät für Studenten aus Leiden und Delft zu starten, ungeachtet dessen, daß nicht ausreichend Dozenten dafür vorhanden waren – es gelang nicht. Ich wollte – mit dieser Erfahrung im Rücken – nicht mehr tun, als wir wirklich leisten konnten. Heute ist die Situation an der Vrije Hogeschool so, daß alle möglichen postdoktoralen Kurse angeboten werden, die man als einen Keim für etwas Größeres betrachten kann.

Wir haben mit der Vrije Hogeschool jetzt zwanzig Jahre hinter uns. Und dann schauen Sie sich einmal an, wie viele von den mehr als zweitausend Studenten, die wir seither hatten, in der anthroposophischen Bewegung aktiv geworden sind ... Nicht, daß wir ihnen die Anthroposophie aufgedrängt hätten, das ist durchaus nicht so, aber diese Studenten sind während ihres propädeutischen Jahres einfach aufgewacht.

Es müssen immer mehr Institutionen dieser Art geschaffen werden, wo junge Menschen, die am Ende dieses beziehungsweise am Anfang des nächsten Jahrhunderts mitten im großen Geisteskampf stehen werden, zum Erwachen kommen können. Es herrscht im heutigen Unterrichtswesen eine tiefe kulturelle und geistige Armut. Darum muß eine Horizonterweiterung einsetzen, bevor sich die Studenten auf ein bestimmtes Studium stürzen. Ein Geschichts- und Kulturbewußtsein, elementare Kenntnisse der Psychologie Freuds, Jungs und Assagiolis, das sind wesentliche Dinge, die ein Fundament für spätere bewußte Entscheidungen bilden können ...

Ist die Vrije Hogeschool nach zwanzig Jahren nicht langsam reif für die Einrichtung einiger Fakultäten?
Die Tür steht noch immer offen. Es hat sich in der Tat viel geändert in diesen zwanzig Jahren. Dem heutigen Rektor,

Prof. Cees Zwart, ist es gelungen, für das Kuratorium einige Hochschuldozenten zu gewinnen, die ebenfalls Anthroposophen sind. Ich glaube tatsächlich, daß die Vrije Hogeschool allmählich in eine neue Phase eintritt. Die Frage ist natürlich, welche Form man der Sache gibt. Außerdem ist da ja auch noch die Geldfrage. Die gesamte Vrije Hogeschool arbeitet mit dem Geld, das jedes Jahr durch die etwa 120 Studenten hereinkommt. Irgendwelche Subventionen gibt es nicht.

Es ist Ihnen immer wieder gelungen, das nötige Geld zu beschaffen, ob es nun für das «Zonnehuis» war, für das NPI oder die Vrije Hogeschool. Und dabei handelte es sich doch jedesmal um nicht geringe Summen ...
Immer wenn ich mit etwas Neuem anfing, sorgte ich zuerst einmal für zwei Dinge. Das eine war, daß ich nach einem geeigneten Nachfolger Ausschau hielt ...

Wieso denn das als erstes?
Weil eine Initiative niemals von einem alleine abhängig sein darf! Außerdem wollte ich immer die Möglichkeit haben, mich rechtzeitig zurückzuziehen, um mich anderen Aufgaben zu widmen. Als ich den Vorsitz der Anthroposophischen Gesellschaft übernahm, habe ich das auch so gemacht. Ich schaute mich in meinem Umkreis um und dachte: Sehe ich jemanden, der in der Lage wäre, in der Zukunft einmal mein Nachfolger zu werden? Solch einer war Ate Koopmans, der mich tatsächlich 1975 ablöste. Ein vollkommen anderer Mensch als ich. Aber genau das fand ich wichtig: daß mein Nachfolger ganz andere Dinge in die Gesellschaft einbringen konnte als ich ...

Außer nach einem geeigneten Nachfolger suchte ich immer auch umgehend nach jemandem, dem man den finanziellen Bereich anvertrauen konnte. Im Fall der Vrije Hogeschool war das Adriaan Deking Dura, der damals noch beim Bankhaus Mees & Hope arbeitete. Ich sagte zu ihm. «Du sitzt hier in dieser Bank und verdienst ständig Geld für andere. Könntest du das nicht einmal für uns tun?» Aber er war dort noch für zwei Jahre beruflich gebunden und konnte deshalb nur an den Wochenenden für die Vrije Hogeschool aktiv werden. Als diese zwei Jahre vorbei waren, da haben er und seine Frau Ria ihr Haus verkauft und zwei Zimmer in der alten Villa auf dem Reehorst-Gelände bezogen, dem Grundstück, wo später das zur Vrije Hogeschool gehörige «Iona-Gebäude» (Iona-gebouw) entstehen sollte. Viele solcher Mitarbeiter der ersten Stunde haben große Opfer gebracht, das wird nur allzu oft vergessen.

Manche Menschen klagen mitunter, daß sie kein Geld für ihre Pläne finden können. Aber ich sage immer: Wenn ein Plan gut ist, dann kommt auch das Geld dafür zusammen. Das Umgekehrte ist jedoch auch wahr: Wenn kein Geld da ist, ist der Plan noch nicht reif, und man muß schauen, ob man entdecken kann, an welchen Stellen etwas noch nicht stimmt. Wenn Deking Dura sagte: «Wir müssen mit diesem oder jenem noch warten», so sagte ich: «Gut, dann warten wir!» Man muß warten können! Und wenn er dann sagte: «Jetzt ist die Zeit gekommen, wo wir unseren Neubau (das Iona-Gebäude) hinstellen können», so sagte ich: «Gut, dann fangen wir jetzt mit dem Neubau an!» Ich habe immer das Glück gehabt, kompetente Menschen zu finden, denen man in dieser Hinsicht vertrauen konnte.

Phantasten konnte ich nie gebrauchen. Aber auch keine phantasielosen Buchhaltertypen, die mir immer nur erzählen wollen, daß etwas nicht geht ...

«Ein großer Geisteskampf
wird sich abspielen ...»

1990 publiziert Bernard Lievegoed das Buch *Mensheidsperspektieven*, in dem er die Geschichte der Menschheit als einen großen Prozeß der Differenzierung beschreibt, der in der Zukunft in einen Prozeß der Integration übergehen muß. Was früher einmal ein Ganzes war, ist im Lauf der Geschichte aus gutem Grunde auseinandergefallen. Rassen, Kulturen, Religionen, Mysterienströmungen, ja schließlich auch die Menschen als Individuen haben sich immer weiter auseinanderentwickelt; schlimmer noch, sie bekämpfen sich auf Leben und Tod. Vor diesem Hintergrund skizziert Lievegoed die Menschheitsgeschichte, ihre Zeitalter, ihre Kulturen. Die verschiedenen Mysterien werden im Zusammenhang ihrer Zeit dargestellt und jeweils in ihrer spezifischen Eigenart beschrieben. Danach entwirft Lievegoed ein Bild der Mysterienströmungen Europas: der Gralsströmung des Ostens, der westlich-keltischen Strömung, der nördlichen, germanischen Strömung und der Rosenkreuzerströmung des Südens. Schließlich wird Rudolf Steiner als geistiger Integrator in den Achsenschnittpunkt dieses europäischen Kreuzes gestellt. Während der sogenannten «Weihnachtstagung» der Anthroposophischen Gesellschaft 1923 wird, nach Lievegoed, diese Gesellschaft durch Rudolf Steiner zum sozialen Organ umgebildet, in welchem die erwähnte Integration ihren Anfang nehmen soll.

Das Quadrat der Zeit

Von Anfang an habe ich mich bei meinem Studium der Anthroposophie mit den Qualitäten und Wirkungen der sieben Planeten beschäftigt und ihrem Zusammenhang mit den sieben Metallen. Dieses Thema gehört einfach zu mir, ich habe es sozusagen mitgebracht. Mein erster Vortrag in Dornach handelte von den sieben Metallen. Damals war ich gerade erst Mitglied geworden. Ich war sogar dermaßen stark auf die Siebenheit ausgerichtet, daß ich viele Jahre lang so gut wie nichts mit der Zwölfheit anzufangen wußte. Die zwölf Tierkreiszeichen zum Beispiel konnte ich mir einfach nicht merken, und ich mußte sie immer wieder neu auswendig lernen! Sie waren einfach keine innere Realität für mich.

Ein zweites Thema, das ich «mitgebracht» habe, ist das Zusammenwirken der Erzengel Raphael und Michael. Rudolf Steiner sagt ja bekanntlich, daß sich die Erzengel ablösen als «Regenten» der verschiedenen Zeitalter. Jetzt haben wir das Michael-Zeitalter. Da hört Raphael aber nicht auf, auf die Menschen einzuwirken, nur tut er das jetzt indirekt, nicht über das Innere der Menschen, sondern quasi «durch die Erde hindurch», und so erreicht er den menschlichen Willen. Das bedeutet, daß die geistigen Impulse der Raphaelzeit in der Michaelzeit metamorphosiert werden. Wenn man das verstehen will, muß man betrachten, was sich an Wesentlichem in der Raphaelzeit abgespielt hat.

Diese Zeit beginnt mit dem Gral-Impuls, mit Parzival ... Später sehen wir den Impuls von Chartres und zum Schluß den der Templer. Es war für mich ein wichtiges Thema, zu entdecken, wie diese drei Impulse in der heutigen Zeit, der

Zeit Michaels, wieder auftauchen, anders ausgedrückt: welches michaelische Antlitz sie bekommen haben ... Währenddessen wird hier auf der Erde der rote Faden, der Fortgang des esoterischen Christentums durch die Strömung gesichert, die im sechzehnten Jahrhundert unter dem Namen des Rosenkreuzertums an die Öffentlichkeit heraustrat.

Und dann stößt man auf die Frage, die mir schon vor langer Zeit gestellt wurde: Was ist an der Anthroposophie nun eigentlich Rosenkreuzertum, und was ist die Anthroposophie selbst? Diese Frage ist eine äußerst wichtige! Von Anfang an sagte Rudolf Steiner immer wieder: Was ich bringe, ist im Grunde ein rosenkreuzerisches Christentum.

In der Klinik in Arlesheim habe ich über diese Frage einmal ein Referat gehalten und folgendes ausgeführt: Das Verhältnis des Rosenkreuzertums zur Anthroposophie ist das Verhältnis der Dreiheit zur Vierheit. Nach meinem Empfinden ist dies ein ganz wichtiges Thema, an welchem in anthroposophischen Kreisen viel, viel mehr gearbeitet werden sollte. In allen Äußerungen des Rosenkreuzertums findet sich immer wieder die Dreiheit, so zum Beispiel in der bekannten Abfolge der drei Sprüche: *Ex deo nascimur – In Christo morimur – Per spiritum sanctum reviviscimus,* die die Dreiheit von Vater, Sohn und Heiligem Geist widerspiegelt. Eine andere Dreiheit, die direkt mit der gerade genannten zusammenhängt, ist die von Geist, Seele und Leib. Und daraus ergibt sich wieder die nächste, die von Denken, Fühlen und Wollen.

Die Dreiheit hat immer mit dem Räumlichen zu tun. Sobald sich der Geist im Raume offenbart, geschieht das in Form einer Dreiheit. Die Erscheinung des Menschen ist dreigliedrig: Geist, Seele und Leib. Sogar beim Urgestein ist das so, wir haben Feldspat, Quarz und Glimmer. Dreiheit entsteht, wo sich der Geist im Raume sichtbar macht. Auch im «Grundsteinspruch», dem Spruch, der von Rudolf Steiner während der Weihnachtstagung 1923 gesprochen wurde, finden wir die Dreiheit wieder – die drei Teile des Spruches stehen gleichsam wie Säulen im Raum.

Die Dreiheit sagt: So *sind* die Dinge. Doch dann stoßen wir im Grundsteinspruch plötzlich auf ein viertes Element, einen vierten Spruch, der völlig anders ist in seinen Rhythmen und seinem Inhalt und der den ersten drei Teilen angefügt ist. Dieser vierte Spruch weicht in seiner Form von den vorangegangenen dreien ab. Was geschieht da nun eigentlich? Dem Raum wird die Zeit hinzugefügt, der Verlauf von Prozessen durch die Zeit. Steiner formuliert in diesem Spruch: «In der Zeiten Wende / Trat das Welten-Geistes-Licht / In den irdischen Wesensstrom ...» – Da geschieht etwas in der Zeit, etwas wird historisch ...

Alles, was sich in der Zeit abspielt, erscheint als Vierheit. Nehmen wir zum Beispiel die Weltentwicklung: In der ersten Phase erscheint die Erde in der Gestalt des «alten Saturn», dann in Gestalt der «alten Sonne», danach als «alter Mond» und schließlich, in der vierten Phase, in der Erden-Gestalt. Die Dreiheit ist statisch und räumlich, und sie bringt zum Ausdruck: so sind die Dinge; die Vierheit ist dynamisch, sie hat mit der Zeit zu tun und drückt aus: so werden die Dinge in Entwicklung gebracht, so verändern sich die Dinge ... Alles, was Dreiheit ist, wird der Menschheit von den göttlichen Mächten geschenkt; alles, was Vierheit ist, wird uns nicht geschenkt, sondern muß erworben werden.

Alles in der Anthroposophie, was auf der Dreiheit beruht,

ist Rosenkreuzer-Offenbarung. Alles, was auf der Vierheit beruht, ist die Anthroposophie selbst, ist Entwicklungsweg, und es ist dasjenige, was Rudolf Steiner hinzugefügt hat. Er brachte den Weg der Entwicklung innerhalb der Zeit. Diese Zweiheit: die Dreiheit in Beziehung zur Vierheit – sie ist die Grundlage der gesamten Anthroposophie. Alle anderen Zusammenhänge, die der Siebenheit und die der Zwölfheit, sind durch ein Zusammenwirken der Dreiheit und der Vierheit entstanden. Das Quadrat der Zeit verbindet sich mit dem Dreieck des geschaffenen Raumes.

Bei Rudolf Steiners «Dreigliederung des sozialen Organismus»[10] haben wir es mit einer Dreiheit zu tun, dem Geistesleben, dem Rechtsleben und dem Wirtschaftsleben, die durch den Menschen geschaffen werden muß. Aber diese Dreiheit kann nicht der existierenden Wirklichkeit übergestülpt werden, sondern sie muß schrittweise realisiert werden – von Menschen, die immerzu nach den tatsächlichen Möglichkeiten suchen. Jede soziale Organisation, ob das nun eine Familie ist oder ein Staat, muß durch ihre jeweilgen Mitglieder in einen Wachstumsprozeß versetzt werden, auf den Weg zur Idealform.

Erst später habe ich verstanden, daß ich mich immer mehr oder weniger spontan auf die Vierheit, die Entwicklung orientiert habe. Als ich mit dem NPI anfing und mich in die Vorträge vertiefte, die Rudolf Steiner über die soziale Frage gehalten hat, stieß ich dort immer auf die Dreiheit: die Einrichtung einer Gesellschaftsform im Sinne der drei Gebiete des Geisteslebens, des Rechtslebens und des Wirtschaftslebens. Aber wenn ich dann versuchte, etwas, was mir konkret in meiner Arbeit begegnete, zu begreifen, gelangte ich zu einer Vierheit. Das ist falsch, sagte ich mir dann, denn im sozialen Leben muß es sich um eine Dreiheit, diejenige von Geistes-, Rechts- und Wirtschaftsleben handeln. Rudolf Steiners Beitrag zur sozialen Frage trägt sogar den Namen «Soziale Dreigliederung»!

Doch später begriff ich folgendes: Wenn Rudolf Steiner über die Dreigliederung des sozialen Organismus spricht, so meint er die Form, die Offenbarung geistiger Gesetzmäßigkeiten im Raume. Er führt nicht aus, wie man zu dieser Form gelangt, wie man sie konkret realisiert. Er sprach über die Urform, die Idealform. Dabei sprach er darüber, daß die Verwirklichung der idealen Form in der konkreten Situation gefunden werden müsse, und zwar von Menschen, die in dieser Situation stehen und über die notwendige Sachkenntnis verfügen.

Eine große Rosenkreuzer-Offenbarung sind auch Freiheit, Gleichheit und Brüderlichkeit, die Ideale der Französischen Revolution. Doch um sie zu realisieren, muß man den Mut haben, in den Bereich der Vierheit, der Zeit und der Entwicklung einzutreten. Sobald man das wagt und Abstand nimmt von dem unseligen Ziel der «Einführung» der Dreiheit um jeden Preis – als ob es möglich wäre, das soziale Leben vom einen Tag auf den andern zu zwingen, mit einem Mal dreigliedrig zu sein! –, dann entsteht praktische Anthroposophie. Die Rosenkreuzer bringen die Form in den Raum, die Anthroposophie führt die Entwicklung dieser Form in die Zeit über.

Auch hier also wieder das Motiv des Zusammenwirkens! Was vorher getrennt war, die Wahrheit der Dreiheit und die Wirksamkeit der Vierheit, soll in eine fruchtbare Wechselwirkung eintreten. Rudolf Steiner beschreibt das wunderbar am Beispiel der «Arbeitsweise» in den alten Mysterien von Ephesus. Lehrer und Schüler ziehen zusammen in der Abenddämmerung durch die Wälder in der Umgebung des Tempels und betrachten die Pflanzen. Der Lehrer konzentriert sich auf die Form der Pflanzen, der Schüler auf die aufsteigende Bewegung der Pflanzensäfte. Danach gehen beide zu Bett, und am nächsten Morgen erzählen sie sich ihre Träume; während der Nacht hat sich sowohl die Erkenntnis des Lehrers hinsichtlich der Pflanzenformen wie auch die des Schülers bezüglich des schaffenden Stroms der Säfte vertieft.[11]

Durch Austausch und Zusammenwirken entstand dann die Erkenntnis der Heilwirkung der Pflanzen. In den Mysterien von Ephesus war der Schüler genauso wichtig wie der Lehrer. Der eine vertiefte sich in die Biochemie, der andere in die Morphologie, um es mit modernen Begriffen auszudrücken. Heutzutage ist die Morphologie überhaupt kein Lehrfach mehr; die gesamte heutige Medizin basiert auf der Biochemie. Der Mensch ist zu einem Sack voller biochemischer Prozesse geworden. Dadurch ist die Erkenntnis der Dreiheit und ihrer Qualitäten, die Totalität der menschlichen und pflanzlichen Gestalt, völlig verlorengegangen.

Das Thema der Dreiheit und der Vierheit ist eines jener wichtigen Themen, deren Bearbeitung ich als dringend empfinde, und ich hoffe es noch irgendwann in einem Buch darstellen zu können, bevor ich mein müdes Haupt zur Ruhe bette …

Eigentlich geht es Ihnen auch hier wieder um dieselbe Botschaft: Was auseinandergefallen und offensichtlich unvereinbar ist, soll durch Zusammenarbeit vereinigt werden!

Das könnte man so sagen, ja. Das Durchbrechen der Starrheit ... Denn eine einseitige Orientierung auf die Dreiheit führt zur Starrheit, und die einseitige Orientierung auf die Vierheit bringt Verwirrung und Chaos. Wenn man sagt – und solche Dinge werden tatsächlich ausgesprochen! –, die Anthroposophie sei nur auf dem Wege über das Buch *Die Philosophie der Freiheit* zu verstehen oder nur über den Goetheanismus, die Medizin, die Dreigliederung und so weiter, dann tritt Starrheit, Dogmatismus ein. Solche Einseitigkeiten werden einem von luziferischen Dämonen zugeflüstert: *Mein* Gesichtspunkt ist der einzig richtige! Doch Michael, der Erzengel, der wie ein Schutzengel über unsere Zeit wacht, sagt eben gerade dies: Das Zusammenfließen verschiedener Gesichtspunkte führt erst zu Einsichten, mit denen wir der Zukunft gegenübertreten können. Michael faßt als Sonnengeist die Wirkungen aller Planeten zusammen zu *einem* gemeinsamen Zukunftsziel.

Ich habe mich während meines Lebens etwas mehr mit der Vierheit als mit der Dreiheit beschäftigt. Darin war ich denn wohl manchmal auch einseitig, und oft habe ich um einen Ausgleich ringen müssen. Das zentrale Wort in meinem Leben war: Entwicklung. Man hilft einem Jugendlichen nicht, indem man ihm erzählt, wie er als Sechzigjähriger sein wird oder sein soll. Man hilft ihm, indem man die Frage stellt: Was ist der nächste kleine Schritt? Und das heißt nichts anderes als *die Dreiheit durch die Vierheit hindurchführen*. Es hat lange gedauert, bis ich das zu denken wagte!

Was genau wagten Sie nicht zu denken?
Daß die Vierheit auch richtig ist. Ich hörte immer hauptsächlich über die Dreiheit sprechen: Soziale Probleme werden über die Dreiheit gelöst! Doch das wirkliche Leben ruft nach einem Zusammenfließen der Dreiheit mit der Vierheit.

Bei der Vierheit geht es um vier qualitative Schritte in einem Entwicklungsprozeß. Zuerst gibt es etwas, was man als Saturn-Wärme bezeichnen kann, analog zu Rudolf Steiners Beschreibung der Erdenevolution. Die erste Erscheinungsform der Erde bezeichnet er in seinem Buch *Die Geheimwissenschaft im Umriß* als den «alten Saturn», und das wirksame, schaffende Element in dieser Erscheinungsform war die Wärme. Die Begeisterung für irgendeine Zielsetzung zum Beispiel, mit der eine Initiative ja oft beginnt, läßt sich mit dieser Wärme vergleichen.

Dann gibt es zweitens das Licht der Sonne, analog zur zweiten Erscheinungsform der Erde, der «alten Sonne». Dabei geht es um die «einleuchtende» Erkenntnis, wie jene Zielsetzung verwirklicht werden kann. Und drittens gibt es schließlich die Phase, die sich mit dem «alten Mond» vergleichen läßt, die des In-Bewegung-Bringens des Prozesses, des In-Angriff-Nehmens. Das vierte ist sodann das Auskristallisieren des Ziels in konkrete Formen. Diese vierte Phase läßt sich mit der letzten Erscheinungsform der Erde vergleichen, der eigentlichen Erde selber, die durch ihre feste Substanz, ihre physische Konkretheit gekennzeichnet wird.

Begeisterung, Erkenntnis (Einsicht), Handlung und Resultat – das sind die drei aufeinanderfolgenden Phasen im Entwicklungsprozeß der Vierheit. Die Dreiheit spielt ab der ersten Phase eine Rolle – in der Begeisterung für die Zielsetzung

– bis in die letzte Phase – in der wachen Kontrolle der realisierten Form. Der Dreiklang begleitet wie ein Grundakkord den gesamten Entwicklungsprozeß.

Eine christliche Infrastruktur

Rudolf Steiner schildert das Ende des zwanzigsten Jahrhunderts als eine Periode, in der sich ein großer Geisteskampf abspielen wird. Die Anthroposophie hat, so Steiner, den Auftrag, in diesem Kampf eine große Rolle zu spielen. Die anthroposophische Bewegung wird darauf vorbereitet sein müssen, sonst wird die Geschichte der Menschheit eine dramatische Wendung nehmen.

In einem seiner Vorträge sagt Rudolf Steiner, daß die Wirkungen Luzifers, Ahrimans und Michaels um das Jahr 2000 so durcheinandergehen werden, daß niemand mehr ohne weiteres einen Unterschied erkennen wird. Ich habe das immer so aufgefaßt, daß Rudolf Steiner damit sagen wollte: Bereite dich vor auf eine Zeit, wo es nicht mehr einfach sein wird, die Dinge scharf im Visier zu behalten. Das Gute wird nicht ohne weiteres als solches erkennbar sein, und das Böse nicht als das Böse. In dieser Situation wird die Menschheit zusehen müssen, wie sie das Nadelöhr findet.

Die Frage ist, wie die luziferischen Kräfte wirken werden. Rudolf Steiner weist schon am Anfang unseres Jahrhunderts in diesem Zusammenhang auf den Arabismus und den orthodoxen Islam hin. Der Engel, der Mohammed inspiriert hat, ist Luzifer! Der Islam hat einen deutlich luziferischen Charakter: Ein kompliziertes, ausführliches System von Regeln und

Vorschriften bestimmt von außen her, wie sich die Menschen zu verhalten haben. Sie werden nicht in ihrem individuellen Gewissen angesprochen. Der Koran beinhaltet, genau wie das Alte Testament, sehr viele äußere Lebensregeln.

Zweifellos wird es – das habe ich seit 1950 so gesehen – am Ende des Jahrhunderts zu einem Wiederaufleben des orthodoxen Islam kommen. Jetzt sehen wir bereits die ersten Anzeichen dafür, vor allem im Iran, doch auch in anderen islamischen Ländern. Es ist angesichts der verständlichen Emotionen, die in diesen Ländern leben, nicht undenkbar, daß die Bewegung zu einem neuen «Heiligen Krieg» führen wird. Die Entwicklungen in diesen Ländern sind sehr schnell verlaufen. Als Rudolf Steiner am Anfang unseres Jahrhunderts über diese Dinge sprach, war in jenen Ländern eigentlich nicht viel los. Auch um 1950 spielte das Öl noch keine entscheidende Rolle in der Weltwirtschaft. Diese Rolle ist erst durch die expandierende Wohlstandskultur entstanden, wie sie nach 1950 im Westen aufgekommen ist. Iran und der Schah hatten keine große Bedeutung in der Welt, und es gab unendlich viele einzelne Scheichtümer, von denen man nur selten etwas hörte.

Damals zeigte sich das Phänomen, daß die Moslems anfingen westwärts zu ziehen – genau wie vor tausend Jahren, als sie mit ganzen Heeren hierher kamen und bei Poitiers in Frankreich zurückgeschlagen wurden. Als sie gegen Ende der fünfziger Jahre und am Anfang der sechziger Jahre unseres Jahrhunderts als Gastarbeiter ihren Einzug in den Niederlanden hielten, da mußte ich an meinen Vater denken, der immer über die Zwangsarbeit der Kulis auf Sumatra zu sagen pflegte: Das ist eine unzulässige Form wirtschaftlicher Sklaverei, für die wir noch schwer werden büßen müssen! Ende der fünfziger Jahre habe ich dies auf einer Jahresversammlung des Zentralen Arbeitgeberverbandes auch ausgesprochen. Ich hatte das Gefühl, daß das Herbeilotsen billiger Arbeitskräfte aus den islamischen Ländern eine Form wirtschaftlicher Ausbeutung sei. Heute wird nämlich immer wieder vergessen, daß wir diese Menschen selbst nach Europa gelockt haben!

Allmählich wuchs die Macht der Ölscheichs immer mehr. Im Grunde haben sie in finanzieller und wirtschaftlicher Hinsicht Europa bereits erobert. Man muß sich nur einmal klarmachen, wie viele Betriebe und Großprojekte im Westen heute mit Öldollars finanziert werden. Millionen Europäer arbeiten heute für die arabischen Scheichs.

Als nächstes kamen dann die Ayatollahs, allen voran Chomeini. Doch das alles ist nicht mehr als ein Anfang. Der Höhepunkt wird erst noch kommen, um das Jahr 2000 herum und danach. Wie wird das aussehen? Ich weiß es nicht. Aber die Hauptkonturen sind deutlich: Der Westen gerät mehr und mehr in den Griff des orthodoxen Islam. Und über die Triebfedern der orthodoxen Moslems brauchen wir uns keine Illusionen zu machen. Es genügt, so jemanden wie Chomeini anzuschauen, der sich von den allergefährlichsten Illusionen leiten ließ. Oder Saddam Hussein, der im Krieg gegen Iran völlig sinnlos Millionen von Irakis in den Tod gejagt hat. Und was hat er in Kuweit gemacht? Was hat er dort erreicht? Überhaupt nichts! Das ist ein wichtiges Charakteristikum des Luziferischen: Illusionen nachzujagen – bis in den Tod.

Die andere Frage ist die nach der Wirkungsweise der ahrimanischen Dämonen. Auf Weltebene wirkt Ahriman, so Rudolf Steiner, durch die Mars-Dämonen, die negative Wirkensseite des Mars. Der Marspunkt der Erde liegt im Gebiet der äußeren Mongolei und in Nord-China. An der Geschichte Chinas können wir sehen, daß diese Mars-Dämonen etwa alle achthundert Jahre aktiv werden und die Mongolenstämme aktivieren. China hat gegen diese immer wiederkehrenden Mongoleneinfälle seine große Mauer errichtet. Die letzten großen mongolischen Perioden haben bis nach Europa hinein Einfluß gehabt, nämlich zwischen 350 bis 450 und 1150 bis 1250 n.Chr. Die nächste Periode läßt sich zwischen 1950 und 2050 datieren. 1924 sagte Rudolf Steiner während eines Gesprächs mit jungen Leuten (in Breslau), daß erst nach 2050 wieder ruhigere Zeiten kommen werden.

Die historischen Mongoleneinfälle in Europa nahmen immer ein abruptes Ende durch das Auftreten eines christlichen Eingeweihten. Im Jahre 450 sehen wir so ein plötzliches Ende, als Attila vor Rom lag und dort dem Papst Leo II. gegenüberstand. Und 1250, nach der Schlacht bei Liegnitz, als der Enkel des Dschingis Khan in den Einflußbereich der Heiligen Hedwig kam.

Laut Rudolf Steiner liegt der eigentliche, tiefere Spannungsherd in der Welt zwischen Amerika und China. Er sagte voraus, daß die Ost-West-Spannung, also diejenige zwischen der Sowjetunion und den Vereinigten Staaten von Amerika, aufhören wird zu existieren und daß dann allmählich eine andere, tieferliegende sichtbar werden wird, nämlich die zwischen China und Amerika. Als 1917 die Bolschewiki in Rußland die Macht übernahmen, da sagte er, sie würden Rußland nicht länger als siebzig Jahre im Griff halten. Und genauso ist es gekommen! Wir sind alle mit der Vorstellung aufgewachsen, daß die Weltpolitik vom Gegensatz zwischen Kapitalismus und Kommunismus beherrscht wird. Das waren die großen Feinde, die sich gegenüberstanden. Niemand konnte sich vorstellen, daß sich dies jemals ändern würde. Aber Rudolf Steiner sah schon damals unmittelbar, daß diese Polarität einmal ein Ende haben würde. Doch das Ende dieser Feindschaft wird eine andere offenbaren, die sich als viel wesentlicher und gefährlicher erweisen wird.

Luzifer wirkt über den Hochmut, den Fundamentalismus, die Illusion; Ahriman über die Macht und den kalten Haß. Ich bin zu der Ansicht gelangt, daß es die Aufgabe der anthroposophischen Bewegung ist, in der Welt eine christliche Infrastruktur aufzubauen. Dasselbe tat auch die Heilige Hedwig, die Tante der Elisabeth von Thüringen, in der Gegend um Liegnitz. Sie stiftete Klöster für Männer und Frauen, gründete Schulen und holte die Zisterzienser nach Schlesien, um die Einöde fruchtbar zu machen, so daß dort Landwirtschaft möglich war. Durch solche Tätigkeiten verändert sich die geistige Aura eines ganzen Landstriches. Die Mars-Dämonen, die von Rudolf Steiner als anti-michaelisch bezeichnet werden, nahmen das christliche Licht in der Aura der Landschaft wahr. Sie ergriffen die Flucht und ließen das bewaffnete Heer voller Bestürzung zurück. Es blieb den Soldaten nichts anderes übrig, als so schnell wie möglich den Rückmarsch anzutreten.

Mit dem Begriff «christlich» deute ich nicht auf ein Christentum im kirchlichen Sinn, denn auch in diesem kann Fundamentalismus leben. Wenn ich «christlich» sage, so meine ich eine Gesellschaft, die um die geistige Herkunft und Zukunft jedes Individuums weiß, eine Gesellschaft auf der

Grundlage individueller Verantwortung und Freiheit. Man kann sich eine Menge von kleinen christlichen «Stützpunkten» in der Kultur vorstellen: eine Schule in einer Stadt, ein Laden in einem Dorf und so weiter.

Wie können die Menschen zu der Überzeugung kommen, daß sie nicht machtlos sind? Daß sie nicht sagen: Was kann ich als einzelner schon erreichen? Es geht nicht um die Quantitäten, sondern um die Qualitäten, um das, was an Wesentlichem geschieht. Durch alle diese kleinen Stützpunkte verändert sich nämlich die Ätherwelt. Die Weltgeschichte wird nicht von materiellen Machtverhältnissen bestimmt, sondern von geistigen Qualitäten.

Wir haben bereits über jene drei Ebenen gesprochen, die exoterische, die esoterische und die «moralische». Wenn man von der zweiten dieser Ebenen aus zu handeln beginnt, das heißt wenn man von der Erkenntnis der Wesen ausgeht, die sich hinter den äußeren Erscheinungen verbergen, so geht es nicht mehr um den quantitativen Effekt einer Handlung, sondern um deren qualitative Wirkung. Man kann in aller Stille dazu beitragen, die Dinge zu verändern. Ein kleiner christlicher Stützpunkt in einer Stadt verändert etwas in deren Aura.

Auf dieser zweiten Ebene steht man gewissermaßen zwischen Luzifer und Ahriman. So hat Rudolf Steiner die Gestalt des Christus in seiner sogenannten «Gruppe» abgebildet, einer großen Holzskulptur, die für den Innenraum des ersten Goetheanum bestimmt war und erhalten geblieben ist, weil sie zum Zeitpunkt des Brandes noch nicht dort aufgestellt war. Christus steht zwischen Luzifer und Ahriman. Luzifer macht die Seelen unfrei, indem er sie mit hochmütigen Gefühlen und illusionären Gedanken infiziert, Ahriman tut es, indem er ihnen Haß und kalte Berechnung einflößt. Christus schafft die Möglichkeit der inneren Freiheit – ein schmaler Grat zwischen Luzifer und Ahriman. In unserer Kultur denkt niemand mehr in Begriffen von wesenhaften Gegenkräften, von Dämonen. Aber es ist so ungeheuer wichtig, dies gerade jetzt zu tun! Dasselbe gilt für unser Denken über Christus. Exoterisch betrachtet handelt es sich bei Christus um nicht mehr als eine Überlieferung, eine schöne, mehr oder weniger herzerwärmende Geschichte. Doch esoterisch gesehen ist er ein Wesen, eine Realität, eine kosmische Identität, der man in seinem Innern begegnen und mit der man arbeiten kann.

Das Innenleben, darum geht es eigentlich. Was man auch tut in der Welt, wenn es nicht auf einem wirklichen inneren Leben basiert, auf einem konkreten Erfahren geistiger Wirklichkeiten, so stellt es nur wenig dar. Auch wenn es so scheint, als hätte man in äußerer Hinsicht viel erreicht. Und dieses innere Leben darf nicht auf Pflichtgefühl beruhen, auf der Vorstellung etwa: Ich nenne mich Anthroposoph, also muß ich meditieren. Es muß in einem echten Bedürfnis gründen. Wenn man hier aus Pflichtgefühl handelt, hat Luzifer einen am Wickel. Es macht ihm dann Vergnügen, wenn man innerlich zappelt und ringt mit allem, was einem nicht gelingen will, daß man gebückt geht unter der Last der heimlichen Frage: Bin ich wohl reif genug? Bin ich wohl genügend vergeistigt? Wie viele Anthroposophen haben nicht in diesem Jahrhundert versucht, die Übungen zu machen, die Rudolf Steiner in seinem Buch *Wie erlangt man Erkenntnisse der höheren Welten* beschrieb? Und wie viele von ihnen haben nicht, wenn sie ehrlich waren, erkennen müssen, daß sie in dieser Hinsicht versagt haben?

Soll das heißen, daß dieses Buch unserer Zeit nicht mehr entspricht?
Schon im Jahre 1920 äußerte Rudolf Steiner gegenüber Maria Röschl, der Leiterin der Jugendsektion der Freien Hochschule: Schreiben Sie dieses Buch (und andere) um, so daß es für die Jugend geeignet ist. Bereits damals fand er, daß dieses Buch nicht mehr die richtige Form für die junge Generation hatte. Die *Form* war veraltet, nicht der Inhalt! Das Leben hat es ihr unmöglich gemacht, diesen Auftrag auszuführen.

Was ist an dieser Form veraltet?
Rudolf Steiner hat sich niemals vom Inhalt des Buches distanziert, der ist immer gültig geblieben. Für Menschen, die Erkenntnisse höherer Welten gewinnen wollen, ist es unentbehrlich. Nur: seine Form ist seit 1923 veraltet. Das Buch ist schließlich am Anfang des Jahrhunderts geschrieben, in der Sprache der damaligen Theosophen! Man muß das einfach wissen, um es richtig zu verstehen.

In diesem Buch, das Rudolf Steiner ja bereits in den Jahren 1904 und 1905 als eine Artikelfolge erscheinen ließ[12] und 1914 noch einmal gründlich bearbeitet hat, beschreibt er den sogenannten «Mondenweg». Wenn wir diese Benennung verstehen wollen, müssen wir die Vorträge lesen, die er im August 1924 in England gehalten hat und die unter dem Titel *Das Initiaten-Bewußtsein* erschienen sind. Im Prinzip geht es bei diesem Mondenweg um einen Weg zur Erkenntnis geistiger Wirklichkeiten, der beim Denken ansetzt und dann stufenweise aufsteigt über die Entwicklung der imaginativen und inspirativen bis zu den intuitiven Fähigkeiten.

Erst im Jahr 1924, weniger als ein Jahr vor seinem Tode,

spricht er dann über einen anderen Weg zur Erkenntnis höherer Welten, den sogenannten «Saturnweg». Dieser Weg verläuft genau umgekehrt: Er fängt an bei der Intuition, führt dann über die Inspiration und endet schließlich bei der Imagination. Man könnte ihn auch den «sozialen Weg» nennen. Er knüpft an das an, was die Menschen tun, oder besser gesagt: Er beginnt bei der Tat, die man auf Grund einer Intuition verrichtet. Sein Ausgangspunkt ist nicht das Vorstellungsleben (wie beim «Mondenweg»), sondern das Handlungsleben.

Rudolf Steiner hat diesen Weg ab circa 1910 vorbereitet. Schließlich formuliert er den geistigen Auftrag des anthroposophischen Weges in seinem Vortrag vom 31. Dezember 1922, am Abend vor dem Brand des ersten Goetheanum.[13] Kurz zusammengefaßt ist dies der Inhalt dieses Vortrags: Alle alten Mysterien waren *Weisheits*mysterien; es ging in ihnen um die göttergeschenkte Erkenntnis der Welt- und Menschenschöpfung. Im sakralen Kultus der christlichen Kirchen wird dieser Offenbarungsweg weiterhin beschritten, dort steht im Zentrum die Opfertat des Christus auf Golgatha. Wer an diesem Kultus innerlich teilnimmt, der empfängt dasjenige, was die göttlichen Mächte der Menschheit schenken. – Daneben stellt Rudolf Steiner den neuen Weg, der unter der Leitung des Erzengels Michael in der heutigen Zeit beschritten werden kann, den Weg des sogenannten «umgekehrten Kultus». Hier sind es nicht die göttlichen Hierarchien, die sich an den Menschen wenden, sondern die Menschen wenden sich an die Hierarchien. Der Mensch schenkt den geistigen Mächten die Früchte seines Strebens, die er sich am Widerstand erworben hat, den ihm die Welt bietet. Die Freie Hochschule für

Geisteswissenschaft, die ein Jahr nach diesem Vortrag gestiftet wurde, beruht auf der Grundlage dieses umgekehrten Kultus. Dessen Kern ist nicht länger der Erwerb von Weisheit, sondern das «Tun des Guten».[14]

Auch der bereits erwähnte Grundsteinspruch, den Rudolf Steiner während der Weihnachtstagung 1923 gesprochen hat,[15] beruht auf dem umgekehrten Kultus. Sein vierter und letzter Teil endet mit den Worten:

> Daß gut werde,
> Was wir
> Aus Herzen gründen,
> Was wir
> Aus Häuptern
> Zielvoll führen
> wollen.

Daß gut werde, was wir Menschen zur Entwicklung der Erde und des Kosmos beitragen können ... Eigentlich hängt dieser zweite Weg mit den Betrachtungen zusammen, die Rudolf Steiner in jenen Jahren über das Thema Karma und Reinkarnation hielt. Auch das Karma kennt eine «offenbarende», passive Seite sowie eine aktive Seite, die auf die Zukunft gerichtet ist. Karma heißt nicht nur, die Folgen der Taten vergangener Leben passiv über sich ergehen lassen, sondern es beinhaltet auch ein aktives Handeln in Richtung auf die Zukunft! Da, wo es sich um die karmischen Folgen der Vergangenheit handelt, sind die geistigen Mächte aktiv, doch da, wo es sich um die Zukunft handelt, muß der Mensch selbst aktiv werden.

Eine merkuriale Persönlichkeit

Karma existiert nur *zwischen* Menschen. Ein Mensch hat kein Karma für sich persönlich – wohl aber hat er eine karmische Beziehung zur Natur, zu anderen Menschen ... Karma spielt sich immer zwischen zwei Wirklichkeiten ab, zwischen einem Menschen und einem anderen Menschen, zwischen einem Menschen und einer Gruppe von Menschen, zwischen einer Gruppe und einer anderen Gruppe. Rudolf Steiner beginnt einen Monat nach der Weihnachtstagung im Jahr 1923 über Karma zu sprechen, und er setzt dies fort, bis er im September 1924 von seiner Krankheit übermannt wird.[16] In diesen Vorträgen geht es immer um Beziehungen eines Menschen zu etwas oder zu anderen Menschen, um das Verhältnis, das er zu den Dingen hat aufgrund von Geschehnissen und Erfahrungen früherer Erdenleben. An diesem Verhältnis kann man im jetzigen Leben etwas ändern, indem man auf eine bestimmte Weise mit den Dingen umgeht. Man schafft dann Karma im Hinblick auf die Zukunft. Altes Karma bezeichnet Rudolf Steiner als unser «Mondenkarma», neues Karma, «Sonnenkarma», schaffen wir in diesem Leben.

Inwiefern hängt der Inhalt dieser Vorträge mit dem «neuen esoterischen Zug» zusammen, von dem Rudolf Steiner nach 1923 sprach?
Er fing an, auf eine völlig neue Weise über Karma zu sprechen! Früher war Karma etwas Schicksalhaftes – und jetzt heißt es Freiheit! Karma gibt uns die Möglichkeit, in Freiheit das Verhältnis zu den Dingen zu verändern, indem wir ihm neue Elemente hinzufügen, Elemente, über die wir selbst ent-

scheiden. Es sind nicht länger ausschließlich die Taten göttlicher Wesen, der alten Schicksalsgöttinnen, die unser Schicksal bestimmen – wir können unser Los selbst in die Hand nehmen.

Schon früher, im Jahr 1912, hatte Steiner einmal den Versuch gemacht, auf diese neue Art über Karma zu sprechen.[17] Doch das ging damals noch nicht; seine Vorträge riefen so starke Emotionen bei seinen Zuhörern hervor, daß er damit aufhören mußte. In jener Zeit waren die Anschauungen über Karma und Reinkarnation noch stark vom theosophischen Ansatz geprägt. Ich habe mir erzählen lassen, daß es in München ein Café gab, in dem die Theosophen verkehrten. An der einen Wand hingen eine Reihe von Porträts berühmter Persönlichkeiten der Vergangenheit, an der anderen eine Reihe von Porträts derjenigen Mitglieder der Theosophischen Gesellschaft, die das Café frequentierten. Die «Eingeweihten» wußten dann, daß der Theosoph X eine Inkarnation derjenigen Berühmtheit war, die auf dem genau gegenüberhängenden Bild dargestellt war. Rudolf Steiner bezeichnete das schlichtweg als «Unfug»!

Aber für die Mitglieder war das ein Beweis eines höheren Einweihungsgrades, dieses Wissen, wer man im vorigen Leben gewesen ist. Das Karma-Wissen war für sie das Wichtigste – das «Who is who». Viel wichtiger ist jedoch die Frage: Wie hat sich die frühere Persönlichkeit, die ja tot ist und nicht mehr existiert, im Leben zwischen Tod und neuer Geburt *metamorphosiert?* Was ist ihre neue Aufgabe? Und wie wirken die karmischen Einflüsse der Vergangenheit ins jetzige Leben hinein? Derartige Fragen lassen den Umgang mit Karma zu etwas Konkretem werden – etwas, das fruchtbare neue Perspektiven eröffnet.

Wenn ich mir, um es einmal populär auszudrücken, zwischen Tod und neuer Geburt vornehme, in meinem nächsten Leben etwas ganz Bestimmtes zu lernen, so wird dieser Vorsatz dieses Leben bestimmen. Gegenüber einer Jugendgruppe äußerte Rudolf Steiner einmal, sie müßten sich selbst die Frage stellen, zu welcher karmischen Strömung sie gehörten. Das ist wichtig! Dadurch weiß ich, wo meine allerinnersten Quellen und Ziele liegen, und auch, wo meine Einseitigkeiten sind, wo ich mich selbst vervollkommnen muß. Das Schicksal wird erst dann zum unentrinnbaren Los, wenn es einen mit Gewalt zwingen muß, es als solches zu erkennen. Sobald man aber sein Schicksal akzeptiert, schafft es die Möglichkeit, ihm in Freiheit etwas hinzuzufügen. Dann wird es zum Geschenk, das wir für etwas Neues verwenden können.

Der Saturnweg beginnt mit der Frage: Wie kann ich vom Willensleben aus wirken, vom Handlungsleben aus, kurz, von demjenigen aus, was ich *werden* will? Das geht nur innerhalb einer karmischen Beziehung wozu auch immer. Damit meine ich nicht, daß man nur mit Menschen zusammenwirken soll, die zu einem gehören, die man sozusagen als karmische Kameraden erlebt. Nein, eine karmische Beziehung hat man auch zu Menschen, die man als seine Feinde erfährt. Die Frage ist, wie man in diesem Karma etwas zustande bringen kann. Nun, das kann man nur, indem man etwas tut, indem man eine Tat verrichtet. Man handelt aufgrund einer Intuition und schaut dann in aller inneren Ruhe, welche Wirkung diese Handlung zeigt.

Es geht hierbei um eine bewußte Handlung. Unbewußtes Handeln entspringt nie einer klaren Intuition, sondern einer Triebfeder, die in der Vergangenheit liegt. Nehmen wir einmal an, ich habe ein schwieriges Verhältnis zu jemandem. Wenn ich mich in aller Ruhe entschließe, mit dieser Person zusammenzuarbeiten, einfach deswegen, weil ich einsehe, daß sie ganz objektiv mit der Sache zu tun hat, die ich gerade in Angriff nehme, auch wenn sie noch so anders über diese Sache denkt als ich, so kann von diesem Entschluß eine enorme Kraft ausgehen. Ich habe das verschiedene Male erlebt: Aufgrund eines inneren Entschlusses setzt man eine bewußte Tat im Hinblick auf diese Person.

Wie zum Beispiel?
Man geht zum Beispiel auf so jemanden zu und sagt: Ich weiß, daß wir einander nicht liegen und daß wir uns am liebsten endlos ärgern möchten. Aber wäre es um der Sache willen nicht besser, daß wir einander akzeptieren? Eine solche Geste kann, wenn sie auf einem echten Willen zur Zusammenarbeit mit dem anderen beruht, Wunder wirken. Es können daraus sogar enge Freundschaften entstehen. Und nichts ist so fesselnd wie eine Freundschaft mit jemandem, der vollkommen anders ist als man selbst.

Rudolf Steiner stellte ab 1923 Karma so dar, daß man verstand: Es sind nicht länger ausschließlich die Götter, die deinen Lebensweg bestimmen, du kannst auch selbst etwas dazu tun. Eigentlich formulierte er den Karmagedanken so, daß er in Übereinstimmung gebracht wurde mit den Intentionen des Erzengels Michael, der ja wartet, bis die Menschen in Freiheit irgendeine Tat vollbringen. Erst wenn diese Tat ausgeführt ist, kommt Michael zu Hilfe. Er unternimmt von sich aus gar nichts, sondern er wartet, bis die Menschen etwas tun. Was bedeutet das? Es bedeutet, daß man lernen muß, die

Folgen seiner Taten wahrzunehmen. Denn *das* ist das Wesen des Saturnweges: eine Tat ausführen und dann abwarten. Ist das nicht das Urbild der Schöpfung selber: Gott schuf die Welt und sah, daß es gut war. Niemand Geringerer als der Schöpfer selbst ging den Saturnweg!

Was Rudolf Steiner als den Saturnweg bezeichnet, hängt mit dem umgekehrten Kultus zusammen, den er in der Brandnacht des ersten Goetheanum Silvester 1922/23 beschreibt.

Spielt denn das Karma beim Beschreiten des «Mondenwegs» gar keine Rolle?
Den Mondenweg kann man ganz alleine gehen. Man kann sich in sein Kämmerlein zurückziehen und mit den Übungen anfangen, die Rudolf Steiner in *Wie erlangt man Erkenntnisse der höheren Welten* schildert. Dafür braucht man keine anderen Menschen, jedenfalls zunächst nicht. Schließlich kommt man natürlich auch hier zur Tat. Aber auf dem Saturnweg fängt man sofort damit an. Daher hat es auch überhaupt keinen Sinn, diesen Weg im stillen Kämmerlein zu suchen. Da wird man ihn nicht finden. Draußen auf der Straße, in unserem Arbeitsumkreis, im intensiven Umgang mit Menschen – da liegt der Saturnweg ...

Die jungen Leute von damals wollten, im Gegensatz zu den älteren Mitgliedern, etwas mit der Anthroposophie tun. Sie wollten Schulen gründen, Bauernhöfe einrichten, Institute im Bereich des Gesundheitswesens aufbauen und so weiter. Sie wollten die Anthroposophie mit ihren Händen und Füßen erleben, in ihrem Willen, im Widerstand, der sich ihrem Handeln bot. Daher sprach Rudolf Steiner auch zuerst vor diesen Menschen vom Saturnweg. Denn dieser Weg ist für Menschen geeignet, die handelnd im Leben stehen wollen. Die Älteren erboste das. Sie sagten zu Rudolf Steiner: Diese jungen Leute wollen eine Schule gründen, obwohl sie gerade erst Mitglied der Anthroposophischen Gesellschaft geworden sind; sie besitzen noch gar keine Weisheit ... Steiner sagte ihnen dann folgendes: Wenn einer ehrlich ist in dem, was er will, so akzeptiert die geistige Welt seine Begeisterung anstelle der Weisheit!

Wie kann einer es wagen, etwas zu tun, bevor er nicht mindestens zwölfmal die *Theosophie* durchmeditiert hat? Dann hat man doch erst die Grundlage für das Handeln geschaffen! So dachten viele ältere Mitglieder damals. Jeder Anthroposoph, der etwas auf sich hielt, hatte damals eigens ein Meditationszimmer, in dem er durchschnittlich zwei Stunden am Tag verbrachte. Im täglichen Leben merkte man nichts von diesen Meditationen. Das sollte man auch nicht – das Alltagsleben mußte streng getrennt gehalten werden vom inneren Weg. Das Leben war die «schlechte Welt», in der mußte man sein Brot verdienen ... Das wahre, höhere Leben bestand aus all dem, was man in jenem Kämmerlein erlebte. Für diese Menschen war es wirklich ein Greuel, daß sich Rudolf Steiner plötzlich der sozialen Frage zuwandte und die «Dreigliederung» entwickelte. Die soziale Dreigliederung war in ihren Augen ein schöner Gedanke, gut – aber mußte man nun auch noch unbedingt versuchen, den zu realisieren?

Alles kann entarten, auch der Mondenweg. Ich habe Menschen sagen hören: Es ist noch zu früh, um etwas zu tun, die Welt ist noch nicht soweit. Dreigliederung? Das geht erst in fünfhundert Jahren, wenn die Menschen einen echten Schritt weiter sind. Wir Anthroposophen haben die Aufgabe, die Dinge jetzt schon vorauszudenken. Wir müssen vor allem nichts tun – denn sonst mißlingt es. In dieser schlechten Welt etwas zu tun, das bedeutet immer, daß es ein Fehlschlag wird. Eigentlich ist die Anthroposophie zu schön, zu wahr, zu gut für diese Welt ...

Es ist vollkommen richtig, daß etwas durchdacht werden muß, bevor etwas geschehen kann. Das ist das durchaus Wichtige am Mondenweg. Doch willenskräftige Menschen können nicht warten, bis sie sechzig geworden sind, bis sie reif genug geworden sind, etwas zu tun. Rudolf Steiners immerwährende Klage war: Erst wenn sie pensioniert sind, sind die Anthroposophen soweit, daß sie anfangen, etwas zu tun.

Später in meinem Leben machte ich eine Erfahrung, die mich noch etwas anderes gelehrt hat. Ich wurde als Arzt an das Krankenbett einer alten Frau gerufen, einer Anthroposophin der «allerersten Stunde». Sie hatte ein in jeder Hinsicht unauffälliges Leben geführt. Jetzt, im Endstadium dieses Lebens, kam ihre geistige Größe erst zum Vorschein. Ein unbeschreibliches Licht war um sie herum. Aus dieser Erfahrung lernte ich, daß auch solche in aller Stille meditierende Menschen die Welt verändern!

Ich bin eine merkuriale Persönlichkeit. Ich werde in den Ereignissen wach, die sich abspielen, in den Vorgängen, die ich in Gruppen erlebe, in der Arbeit, die ich tue. Für mich allein bin ich weniger schöpferisch, ganz im Gegensatz zu so jemandem wie Willem Zeylmans van Emmichoven, der gerade dann schöpferisch war, wenn er allein war, und viel weniger, wenn er mit einer Gruppe zusammenarbeitete. Mit dem Mondenweg habe ich, ehrlich gesagt, auch immer Probleme gehabt. Ich habe stets fleißig versucht, die Übungen zu machen, aber es blieb immer eine mühsame Angelegenheit. Ich habe durch das *Tun* gelernt. Sobald ich nichts mehr tun kann, verliere ich den Griff auf meine innere Entwicklung. Deshalb bin ich auch so froh, daß ich jedes Jahr die Kurse für die Studenten des Propädeutischen Jahres an der Vrije Hogeschool geben darf. Dort erlebe ich immer, wie wahr es ist, daß die Michaeliten, die michaelischen Seelen, jetzt auf die Erde kommen.

Überall sind sie gegenwärtig, in der ehemaligen DDR, in Ungarn, in der Tschechoslowakei. Zum Beispiel so jemand wie Havel, seine *Briefe an Olga* ... Havel ist auch ein Mensch, der lernt, indem er handelt. Dieser Saturnweg ist etwas, worüber es sich nicht so leicht sprechen läßt, eben deswegen, weil er ein Weg ist, der handelnd beschritten werden muß. Doch wenn man den richtigen Blick dafür hat, dann sieht man überall um sich herum solche Menschen, die den Weg suchen, der zum direkten Handeln führt. Man muß dafür den Mut haben, ins Wasser zu springen und unterwegs schwimmen zu lernen!

Einige nachträgliche Ergänzungen zum Gespräch

Wenig ist gesagt, und vieles ist unausgesprochen geblieben. Darf ich den Versuch machen, das Ganze noch ein wenig zusammenzufassen?

Jugend

Die karmische Wahl einer Inkarnation in den Tropen hat die Ausbildung eines beweglichen Ätherleibs mit sich gebracht. Die multikulturelle Umgebung wurde zu einer Grundlage für mein Interesse an Menschen mit den verschiedensten Hintergründen.

Die Begegnung mit Eltern und Erziehern hat mir allmählich das Selbstvertrauen geschenkt, welches von Natur aus und als Folge einer Krankheit im Jugendalter nicht besonders stark ausgeprägt war.

In seiner Gesamtheit betrachtet, war dies eine ideale Vorbereitung für mein späteres Leben. Das Ganze hat meine äußere Biographie ermöglicht.

Die innere Biographie

Diese ist gekennzeichnet von einem späten Erwachen. Lange habe ich einsam in meiner Phantasie gelebt, einer Phantasie, die sich einerseits mit der «technischen» Seite, andererseits mit dem Sein des Menschen beschäftigte: Woher kommt der Mensch? Wie funktioniert er? Wer und was bin ich?

Die innere Biographie ist erst aktiv geworden, als ich der Anthroposophie begegnete. Etwas von dieser inneren Biographie habe ich im Laufe dieses Gesprächs nach einigem Zögern preisgegeben.

Die innere Biographie ist ermöglicht worden durch die Verbindung mit der Freien Hochschule für Geisteswissenschaft, das heißt durch die Mitgliedschaft in der sogenannten «Ersten Klasse». Seit 1932 versuche ich, diesen Weg zu gehen, zweiundvierzig Jahre lang als Leser beziehungsweise Halter der «Klassenstunden». Das bedeutet, daß ich einundzwanzigmal mit einer Gruppe von Menschen diesen Weg in einem zweijährigen Zyklus immer wieder aufs neue gehen durfte. Ein Weg, der nicht länger Weisheit sucht, sondern den Grund für ein Handeln legt, das auf dem Prinzip des «umgekehrten Kultus» basiert. Kein Weg des Studiums also, sondern ein kultischer Weg, der Schritt um Schritt weiter führt.

Angesichts meines Alters habe ich diese Aufgabe anderen übertragen und darf nun als «Teilnehmer» weiter dabei sein. Ich habe gelernt, daß dieser Weg nur dann real existiert, wenn er von Menschen tatsächlich beschritten wird oder, besser ausgedrückt, indem er immer wieder von neuem geschaffen wird.

Genau wie bei anderen weiterführenden Bildungseinrichtungen ist auch diese Schule eine öffentliche. Menschen, die sich dazu anmelden wollen, müssen die Forderung einer minimalen Vorbildung erfüllen, so wie das auch bei jeder anderen höheren Ausbildung der Fall ist.

Ein zweites Thema meiner inneren Biographie ist die Gewohnheit, bestimmte Interessengebiete zu wählen und sie dann viele Jahre zu bearbeiten. So zum Beispiel das Gebiet der «Planetenqualitäten». Mehr als zwanzig Jahre habe ich mich damit beschäftigt. Oder die Raphaelzeit des frühen Mittelalters mit ihren drei großen spirituellen Bewegungen, der Gralsströmung (Parzifal), der Schule von Chartres und den Templern. Die Metamorphose von der Raphaelzeit zur Michaelzeit war für mich ein zentraler Punkt. Die Beschäftigung mit den Problemen der Psychiatrie und der Psychotherapie schließlich hat dem allen seine ganz bestimmte Färbung verliehen.

Von Natur aus bin ich ein Redner, kein Schriftsteller. Mein Vater war in erster Linie ein Schriftsteller, und wenn er sprach, waren seine Worte sofort druckreif. Die Publikationen von meiner Hand, die trotzdem entstanden, sind eigentlich Kondensate von Vorträgen, die meistens vor wechselndem Publikum von den verschiedensten Gesichtspunkten aus gehalten worden sind. Daraus wurde dann irgendwann ein geschriebener Text, der immer noch die Spuren des gesprochenen Wortes trägt.

Das sind einige systematische Aspekte meiner inneren Biographie. Die Höhen und Tiefen dieser Biographie bleiben eine persönliche Angelegenheit.

Meine Biographie wäre undenkbar ohne die warmen Beziehungen, die mich mit vielen Freunden verbinden. Im Verlauf unserer Gespräche wurden Ita Wegman und Willem Zeylmans van Emmichoven erwähnt, daneben auch Herbert Hahn, der ja sieben Jahre lang im «Zonnehuis» gewohnt hat. Weiter möchte ich die Ärzte der Klinik in Arlesheim nennen, insbesondere Frau Dr. Margarete Bockholt und Dr. Stavenhage, die spätere Frau Dr. Hauschka. Mit Eugen Kolisko, der auch einmal erwähnt wird, habe ich eine Zeitlang in engem Kontakt gestanden, wie auch mit anderen Mitarbeitern aus der direkten Umgebung Rudolf Steiners.

Ich hätte meine äußere Biographie nicht vollenden können ohne die Unterstützung und das Vertrauen meiner Frau, im «Zonnehuis» als Dr. Schatborn bekannt; mit ihr zusammen habe ich anfangs dieses Institut geleitet. Nach 1954 konnte ich meine Aufgabe im Rahmen des NPI dadurch erfüllen, daß sie, gemeinsam mit einer Gruppe altgedienter Zonnehuis-Mitarbeiter, die anthroposophische Heilpädagogik in den Niederlanden weiter zur Entfaltung brachte.

Auch sie hat immer ihre Kraft aus der Zusammenarbeit mit Menschen bezogen, mit mir zusammen nun schon sechsundfünfzig Jahre lang. Mein Leben war dadurch gesegnet, daß sich stets, bei jeder Initiative, Menschen einstellten, die sich mit ihr verbanden und in der Lage waren, die Arbeit selbständig fortzuführen und weiterzuentwickeln.

In meinem Alter kann man folgendes erleben. Sobald man kurz losläßt und auf dasjenige achtet, was aus dem Unterbewußtsein aufsteigt, sieht man sich mit Bildern aus dem eigenen Leben konfrontiert, die man längst vergessen hatte. Häufig sind dies Bilder von Situationen, in denen bestimmte Dinge *nicht* gelungen sind, weil man in diesem Augenblick irgendwie versagt hat. Man erinnert sich zum Beispiel an ein Gespräch vor fünfzig Jahren, in welchem man *nicht* auf etwas eingegangen ist, was jemand sagte oder fragte, wo man den betreffenden Menschen mit leeren Händen gehen ließ, weil man müde oder zu stark mit irgend etwas anderem beschäftigt war, oder weil einen etwas Ärgerliches beschäftigte und so weiter. Es sind die «Unterlassungssünden», über die Rudolf Steiner sprach und die im Leben zwischen Mensch und Mensch das allerschwerste Gewicht haben. Und man fängt an zu erleben: Gerade *diese* scheinbar so unwichtigen Ereignisse bilden die Grundlage deines künftigen persönlichen Karmas.

Zeist 1991 *Bernard Lievegoed*

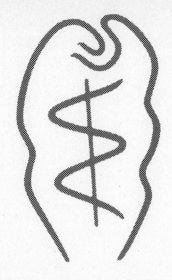

Sie haben es vielleicht schon unzählige Male gesehen.

Aber haben Sie auch einmal darüber nachgedacht?

Das Zeichen für Heilung und Pflege: Ein Signum anthroposophischer Lebenspraxis

Als die WELEDA 1921 auf Anregung von Rudolf Steiner gegründet wurde, skizzierte er dieses Zeichen als Ausdruck für die innere Aufgabe der anthroposophischen Heilmittelkunde: Einen neuen, wesensgemäßen Zusammenhang zwischen den Lebensprozessen der Natur und denen im Menschen zu schaffen. WELEDA Arzneimittel und Körperpflegepräparate entstehen auf der Grundlage wertvoller Natursubstanzen. Tatsächlich jedoch gehen sie über bloße Naturprodukte hinaus: Sie sind Kulturerzeugnisse. Der positiv auf die Natur angewandte Geist des Menschen schafft etwas nie Dagewesenes, wenn er Kräfte und Stoffe der Natur in einen menschen- und geistgemäßen Zusammenhang stellt. Diesen Zusammenhang zu erforschen, ist die immer wieder neue Aufgabe, die seit 70 Jahren das Fundament der weltweiten WELEDA-Arbeit bildet. Wenn Sie sich dafür interessieren: Wir informieren Sie gerne. Schreiben Sie an:
WELEDA AG Heilmittelbetriebe,
Postfach 1320, 7070 Schwäbisch Gmünd.

WELEDA
Im Einklang mit Mensch und Natur

Anmerkungen

1 Ita Wegmann, Ärztin und eine der engsten Mitarbeiterinnen Rudolf Steiners, wurde 1876 auf Java geboren; sie kam mit 15 Jahren zum erstenmal nach Europa.
2 Multatuli, (Pseudonym von Eduard Douwes Dekker), 1820-1887, einer der brillantesten und einflußreichsten niederländischen Schriftsteller des vorigen Jahrhunderts. Berühmt geworden durch seinen sozialkritischen Roman «Max Havelaar» (1859), dem vermutlich meistgelesenen niederländischen Buch des 19. Jahrhunderts, in welchem er sich vehement gegen die Ausbeutung der einheimischen Bevölkerung Niederländisch-Indiens durch die niederländischen Kolonialherren zur Wehr setzt.
3 Nieuwe Rotterdamsche Courant: renommierte unabhängige, überparteiliche und überregionale Tageszeitung. Heute fusioniert mit dem «Handelsblad».
4 Mondknoten: die Wiederkehr der gleichen Sonnen-Mond-Konstellation nach 18 Jahren, 7 Monaten und 9 Tagen, hier bezogen auf den Zeitpunkt der Geburt.
5 Margarete und Erich Kirchner-Bockholt, *Die Menschheitsaufgabe Rudolf Steiners und Ita Wegman,* Dornach 1976 (Privatdruck für Mitglieder der Anthroposophischen Gesellschaft, nicht über den Buchhandel).
6 Pieter de Haan: aktiver Anthroposoph und Verleger, unter anderem Herausgeber von Übersetzungen der Werke Rudolf Steiners.
7 Rudolf Steiner, *Meditative Betrachtungen und Anleitungen zur Vertiefung der Heilkunst,* Dornach 1981 (Gesamtausgabe Bibl.-Nr. 316).
8 Der sogenannte «Weihnachtskurs für Ärzte» dauerte vom 2.1.1924 bis zum 9.1.1924.
9 Mit diesen Namen werden in der Anthroposophie verschiedene

Gruppen geistiger Wesen bezeichnet, die in jeweils ganz spezifischer Weise die Menschheitsentwicklung als sogenannte «Gegenmächte» zu beeinflussen versuchen.

10 Siehe hierzu: Rudolf Steiner, *Die Kernpunkte der sozialen Frage in den Lebensnotwendigkeiten der Gegenwart und Zukunft.* Dornach ⁶1976 (Gesamtausgabe Bibl.-Nr. 23) sowie *Aufsätze über die Dreigliederung des sozialen Organismus und zur Zeitlage 1915-1921.* Dornach ²1982 (Gesamtausgabe Bibl.-Nr. 24).

11 Rudolf Steiner, *Das Initiaten-Bewußtsein,* Vortrag vom 14.8.1924, Dornach ⁴1983 (Gesamtausgabe Bibl.-Nr. 243).

12 In der Zeitschrift «Lucifer-Gnosis» (Nr. 13-28), Berlin 1904-1905.

13 Rudolf Steiner, *Das Verhältnis der Sternenwelt zum Menschen und des Menschen zur Sternenwelt. Die geistige Kommunion der Menschheit,* Vortrag vom 31.12.1922, Dornach ⁵1984 (Gesamtausgabe Bibl.-Nr. 219). Siehe hierzu auch den vorangegangenen Vortrag vom 30.12.1922, a.a.O.

14 Rudolf Steiner, *Anthroposophische Gemeinschaftsbildung,* Vortrag vom 27.2.1923, Dornach ⁴1989 (Gesamtausgabe Bibl.-Nr. 257).

15 Enthalten in: Rudolf Steiner, *Die Weihnachtstagung zur Begründung der Allgemeinen Anthroposophischen Gesellschaft 1923/24,* Dornach ⁴1985 (Gesamtausgabe Bibl.-Nr. 260).

16 Siehe hierzu: Rudolf Steiner, *Esoterische Betrachtungen karmischer Zusammenhänge,* Band I-VI. Dornach (Gesamtausgabe Bibl.-Nr. 235-240).

17 Rudolf Steiner, *Wiederverkörperung und Karma und ihre Bedeutung für die Kultur der Gegenwart,* Dornach ⁴1989 (Gesamtausgabe Bibl.-Nr. 135).

Literaturverzeichnis

Werke Bernard Lievegoeds

Maat, ritme, melodie. Grondslagen voor een therapeutisch gebruik van muzikale elementen (1939), Zeist 1983.

Ontwikkelingsfasen van het kind (1946), Zeist 1990.
Deutsch: Entwicklungsphasen des Kindes. Stuttgart ⁴1986.

Organisaties in ontwikkeling (1969), Rotterdam 1984.
Deutsch: Organisationen im Wandel. Die praktische Führung sozialer Systeme in der Zukunft. Bern 1974.

De levensloop van de mens (1976), Rotterdam 1990.
Deutsch: Lebenskrisen – Lebenschancen. Die Entwicklung des Menschen zwischen Kindheit und Alter. München ⁴1985.

Naar de 21ᵉ eeuw (1976), Zeist 1986.
Deutsch: Dem einundzwanzigsten Jahrhundert entgegen. Frankfurt ³1985.

Samenwerkingsvormen (1977), Zeist 1988.
Deutsch: Soziale Gestaltung am Beispiel heilpädagogischer Einrichtungen. Eine Vortragsfolge. Frankfurt am Main 1986.

Mens op de drempel (1983), Zeist 1990.
Deutsch: Der Mensch an der Schwelle. Biographische Krisen und Entwicklungsmöglichkeiten. Stuttgart ³1991.

Bezinning op de grondsteen, Zeist 1987.
Deutsch: Besinnung auf den Grundstein. Stuttgart 1990.

Lezingen en essays 1953-1986, Zeist 1987.

Mensheidsperspektieven, Zeist 1990.
Deutsch: Alte Mysterien und soziale Evolution – Gesellschaftliche Krisen und Entwicklungsmöglichkeiten. Stuttgart 1991.

Heilpädagogische Betrachtungen. Bingenheim 1986.

Planetenwirken und Lebensprozesse in Mensch und Erde. Beiträge zum Verständnis des Wirkens der von Rudolf Steiner für die Landwirtschaft angegebenen Pflanzenkomposte. Stuttgart ⁶1992.

Im Text genannte Werke anderer Autoren

Václav Havel, *Briefe an Olga. Betrachtungen aus dem Gefängnis,* Reinbek bei Hamburg 1989.

Rudolf Steiner, *Die Philosophie der Freiheit. Grundzüge einer modernen Weltanschauung – Seelische Beobachtungsresultate nach naturwissenschaftlicher Methode* (1894), Dornach ⁵1987 (Gesamtausgabe Bibl.-Nr. 4).

– *Der Hüter der Schwelle* (1910), in: *Vier Mysteriendramen,* Dornach ⁴1981 (Gesamtausgabe Bibl.-Nr. 14).

– *Das Initiaten-Bewußtsein. Die wahren und die falschen Wege der geistigen Forschung.* Elf Vorträge, Torquay (England) 11. bis 22. August 1924, Dornach ⁴1983 (Gesamtausgabe Bibl.-Nr. 243).

– *Theosophie. Einführung in übersinnliche Welterkenntnis und Menschenbestimmung* (1904), Dornach ³¹1987 (Gesamtausgabe Bibl.-Nr. 9).

– *Die Stufen der höheren Erkenntnis* (1905-1908), Dornach ⁶1979 (Gesamtausgabe Bibl.-Nr. 12).

– *Wie erlangt man Erkenntnisse der höheren Welten?* (1904/05), Dornach ⁶1979 (Gesamtausgabe Bibl.-Nr. 10).

– *Die Geheimwissenschaft im Umriß* (1910), Dornach ³⁰1989 (Gesamtausgabe Bibl.-Nr. 13).

Rudolf Steiner und Ita Wegman, *Grundlegendes für eine Erweiterung der Heilkunst nach geisteswissenschaftlichen Erkenntnissen* (1925), Dornach ⁶1984 (Gesamtausgabe Bibl.-Nr. 27).

F. W. Zeylmans van Emmichoven: *Der Grundstein,* Stuttgart ⁵1980.

Bücher von Bernard Lievegoed

Der Mensch an der Schwelle

*Biographische Krisen und Entwicklungsmöglichkeiten.
Aus dem Niederländischen von Frank Berger.
240 Seiten, kartoniert.*

Besinnung auf den Grundstein

*Aus dem Niederländischen von Frank Berger.
108 Seiten, Leinen.*

Alte Mysterien und soziale Evolution

*Gesellschaftliche Krisen und Entwicklungsmöglichkeiten.
Aus dem Niederländischen von Frank Berger.
127 Seiten, kartoniert.*

Planetenwirken und Lebensprozesse in Mensch und Erde

*Beiträge zum Verständnis des Wirkens der von
Rudolf Steiner für die Landwirtschaft angegebenen
Heilpflanzenkomposte.
82 Seiten, kartoniert.*

Verlag Freies Geistesleben

Unternehmen – Initiativen

WILLEM J. J. HASPER / FRIEDRICH GLASL

Von kooperativer Marktstrategie zur Unternehmensentwicklung

187 Seiten, 30 Abbildungen und Tabellen, gebunden.
Koedition mit dem Paul Haupt Verlag, Bern.

FRIEDRICH GLASL

Konfliktmanagement

Ein Handbuch für Führungskräfte und Berater.
2., vollständig überarbeitete Auflage 1990.
457 Seiten, gebunden.
Koedition mit dem Paul Haupt Verlag, Bern.

CHRISTOPHER SCHAEFER / TIJNO VOORS

Wünsche – Ziele – Taten

Ein Arbeitsbuch für Initiativen.
Aus dem Englischen von Ulrich Zeutschel.
206 Seiten, mit zahlreichen Diagrammen, Schaubildern
und Checklisten, kartoniert.

Verlag Freies Geistesleben

Veröffentlichungen der Gesellschaft für Ausbildungsforschung und Berufsentwicklung e.V., München

MICHAEL BRATER / UTE BÜCHELE
ERHARD FUCKE / GERHARD HERZ

Berufsbildung und Persönlichkeitsentwicklung

214 Seiten, kartoniert.

MECHTHILD REUTER-HERZER
ALBERT ENGELMANN / MICHAEL BRATER

Künstler in sozialen Arbeitsfeldern

Aufgaben – Anforderungen – Ausbildung.
160 Seiten, kartoniert.

MICHAEL BRATER / UTE BÜCHELE
ERHARD FUCKE / GERHARD HERZ

Künstlerisch handeln

Die Förderung beruflicher Handlungsfähigkeit durch künstlerische Prozesse.
176 Seiten, kartoniert.

Studium und Arbeit

Lernen im vierten Jahrsiebt.
Herausgegeben von Michael Brater und Michael Bockemühl.
228 Seiten, kartoniert.

Verlag Freies Geistesleben

*Die umfassende Dokumentation
der anthroposophischen Heilpädagogik
in Bild und Wort*

Heilende Erziehung
aus dem Menschenbild
der Anthroposophie

*Leben, lernen und arbeiten mit Seelenpflege-bedürftigen
Kindern und Erwachsenen,
herausgegeben vom Verband Anthroposophischer Einrichtungen
für Heilpädagogik und Sozial-Therapie
Textredaktion: Bernhard Fischer
Gestaltung und Bildredaktion: Walther Roggenkamp
2. Auflage, 224 Seiten mit über 200 z. T. farbigen Abb., kartoniert*

Aus dem Inhalt:

So fing es an / Menschenbilder – Bildungsziele / Grundlagen der Erziehung / Schicksalserkenntnis – Schicksalshilfe / Der Arzt als Mittler / Sozialtherapeutik – Ziele und Aufgaben / Lebensgemeinschaft – soziale Wirklichkeit / Rhythmus im Tagesgeschehen / Feste des Jahres / Therapeutische Arbeit / Musik / Heileurythmie / Therapeutische Malübungen / Lehr- und Lernzeit / Arbeitswelt / Lebensformen / Ausbildungswege zum Heilpädagogen und Sozialtherapeuten.

Verlag Freies Geistesleben

Heilpädagogik aus anthroposophischer Menschenkunde

Schriftenreihe der Medizinischen Sektion am Goetheanum

Zum Heilpädagogischen Kurs Rudolf Steiners
Mit Aufsätzen von R. Grosse, H. Klimm, H. Poppelbaum, G. von Arnim, W. Holtzapfel und G. Unger.
2. Aufl., 115 Seiten, kartoniert.

Beiträge zur heilpädagogischen Methodik
Mit Aufsätzen von H. Müller-Wiedemann, K. Vierl, G. und V. Goeker und C. Pietzner.
2. Aufl., 120 Seiten, kartoniert.

KARL KÖNIG / GEORG VON ARNIM / URSULA HERBERG
Sprachverständnis und Sprachbehandlung
2. Auflage, 119 Seiten, kartoniert.

KARL KÖNIG
Sinnesentwicklung und Leiberfahrung
Heilpädagogische Gesichtspunkte zur Sinneslehre Rudolf Steiners.
3. Aufl., 124 Seiten, kartoniert.

Der frühkindliche Autismus als Entwicklungsstörung
Erscheinungsformen und Hintergründe.
Von W. Holtzapfel, H. Klimm, K. König, J. Lutz, H. Müller-Wiedemann und T. J. Weihs.
2. erw. Aufl., 190 S., kartoniert.

EVE-LIS DAMM
Malen mit Seelenpflegebedürftigen Kindern
80 Seiten mit 80 farbigen Abbildungen, gebunden.

KARL KÖNIG
Über die menschliche Seele
120 Seiten, kartoniert.

Erziehen und Heilen durch Musik
Musiktherapie und Heilpädagogik. Hrsg. von G. Beilharz. Mit Beiträgen verschiedener Autoren
336 Seiten mit zahlreichen Fotos und Zeichnungen, Leinen.

Verlag Freies Geistesleben

Camphill

*Fünfzig Jahre Leben und Arbeiten
mit Seelenpflege-bedürftigen Menschen.
Herausgegeben von Cornelius Pietzner und Joachim Scholz,
Vorwort von Wilhelm Ernst Barkhoff.
Übersetzt aus dem Englischen von Susanne Lenz
und Ulrich Zeutschel.
173 Seiten mit über 200 Farb- und
Schwarweißfotos, gebunden.*

28. Mai 1939: In einem alten Pfarrhaus bei Aberdeen findet sich eine kleine Gruppe österreichischer Emigranten zusammen, um die Eröffnung einer neuen Gemeinschaft für behinderte Kinder zu feiern. Aus dem ärmlichen, vom Krieg bedrohten Anfang entwickeln Karl König und seine Mitarbeiter die Camphill-Bewegung, der heute mehr als 70 Einrichtungen in vier Erdteilen angehören.
Dieses Buch entfaltet in Berichten und Bildern die ungewöhnliche Geschichte von Camphill. Es schildert das gemeinsame Leben und Arbeiten, die Gestaltung sozialer Verhältnisse, die Anfänge und das heute Erreichte.

«Diesem Buch wünsche ich eine weite Verbreitung, damit möglichst viele Menschen daran Anstoß nehmen können. Sie werden Anstoß nehmen, weil sich in ihm die ungewöhnliche Wirklichkeit von Camphill ausdrückt. Sie werden aber auch Anstoß nehmen, weil diese Wirklichkeit durch das Buch verdeckt wird. Das, was in Camphill sichtbar werden will, ist wirklich neu, das heißt anstößig. Wer ihm nahe kommt, wird bewegt.»
Wilhelm Ernst Barkhoff

Verlag Freies Geistesleben

Rudolf Steiner
Themen aus dem Gesamtwerk

1
Wege der Übung
Hrsg. von S. Leber.
255 Seiten.

Grundlage für die anthroposophischen Forschungsergebnisse bildet der Schulungsweg, auf dem die Erkenntnisorgane zur Erfahrung höherer, übersinnlicher Wirklichkeitsbereiche entwickelt werden.

2
Sprechen und Sprache
Hrsg. von C. Lindenberg.
174 Seiten.

Im Gegensatz zur modernen Linguistik wird hier das Gesamtphänomen der Sprache angeschaut und aus ihrer ursprünglichen Verwurzelung im Sprechen des Menschen entwickelt.

3
Zur Sinneslehre
Hrsg. von C. Lindenberg.
155 Seiten.

Die Sinneslehre Rudolf Steiners beschreibt den vollständigen, zwölfgliedrigen Sinnesorganismus, seine Erfahrungsbreite und seine Bedeutung für das menschliche Leben.

4
Vom Lebenslauf des Menschen
Hrsg. von E. Fucke.
256 Seiten.

Die anthroposophische Menschenkunde kennt den gegliederten Lebenslauf als einen rhythmischen Zeitorganismus, in dem der Mensch die Kräfte und Fähigkeiten der Seele von Lebensepoche zu Lebensepoche entfaltet.

Verlag Freies Geistesleben

Rudolf Steiner
Themen aus dem Gesamtwerk

5
Erde und Naturreiche
Hrsg. von H. Heinze.
223 Seiten.

In diesen Vorträgen werden in anschaulicher Sprache eine Fülle von übersinnlichen Beziehungen in der Natur und zum Menschen dargestellt.

6
Naturgrundlagen der Ernährung
Ernährung des Menschen 1
Hrsg. von Kurt Th. Willmann.
171 Seiten.

Die hier gegebenen Darstellungen der Natursubstanzen, ihrer Bildung und Kultivierung, ihrer Stellung in der Natur und ihrer Wirkung im menschlichen Organismus bilden die Grundlage für eine Ernährungslehre, die dem Wesen des Menschen entsprechen will.

7
Ernährung und Bewußtsein
Ernährung des Menschen 2
Hrsg. von Kurt Th. Willmann.
190 Seiten.

8
Geschichtserkenntnis
Zur Symptomatologie der Geschichte
Hrsg. von C. Lindenberg.
169 Seiten.

Die Geschichtsbetrachtung Rudolf Steiners versteht die historischen Tatsachen als Symptome für einen Prozeß, aus dem die Entwicklungsimpulse der Menschen, ihres Lebens und ihrer Kultur hervorgehen.

Verlag Freies Geistesleben

Rudolf Steiner
Themen aus dem Gesamtwerk

9
Wiederverkörperung
Zur Idee von Reinkarnation
und Karma
Hrsg. von Clara Kreutzer.
214 Seiten.

Eine genaue, sachgemäße Betrachtung des menschlichen Daseins zeigt, daß der individuelle Mensch selbst Ursache für die Entwicklung seines Lebens ist.

10
Gesundheit und Krankheit
Hrsg. von Otto Wolff.
192 Seiten.

Zur Begründung einer menschengemäßen Medizin und zur Klärung der Begriffe Gesundheit und Krankheit bietet der vorliegende Band die geisteswissenschaftlichmenschenkundlichen Erkenntnisgrundlagen.

11
Spirituelle Psychologie
Hrsg. von Markus Treichler.
310 Seiten.

Das Thema «Spirituelle Psychologie» gehört zu den zentralsten des Gesamtwerkes Rudolf Steiners, da die psychologische Methode, die Selbstbeobachtung des Seelischen, die Grundhaltung der anthroposophischen Geisteswissenschaft schlechthin ist.

12
Elemente der Erziehungskunst
Hrsg. von Karl Rittersbacher.
191 Seiten.

Hier sind neun Vorträge zusammengefaßt, die Rudolf Steiner in den Jahren 1906 – 16 über die Voraussetzungen einer erneuerten Pädagogik gehalten hat.

Verlag Freies Geistesleben

Rudolf Steiner
Themen aus dem Gesamtwerk

13
Soziale Frage und Anthroposophie
Hrsg. von Dietrich Spitta.
318 Seiten.

Radikal und mit dem Blick für die den sozialen Problemen zugrundeliegenden Tatsachen nimmt Rudolf Steiner Stellung zur Trennung von Arbeit und Einkommen, zur Frage von Grund und Boden, zur Friedensproblematik und zur Emanzipation der Frau.

14
Christologie
Hrsg. von Heten Wilkens.
286 Seiten.

Rudolf Steiners innerstes Anliegen war es, die christlichen Inhalte in das Licht des modernen, erkennenden Bewußtseins zu stellen.

15
Das Leben nach dem Tod
Hrsg. von Frank Teichmann.
280 Seiten.

Rudolf Steiner gibt in diesen Vorträgen konkrete Schilderungen über das Leben nach dem Tod und seinen Zusammenhang mit der Welt der Lebenden.

16
Mensch und Sterne
Hrsg. von H. H. Schöffler.
186 Seiten.

«Anthroposophie ist ein Erkenntnisweg, der das Geistige im Menschen zum Geistigen im Weltall führen möchte.»

17
Vom Wirken der Engel
Hrsg. von W.-U. Klünker.
229 Seiten.
Rudolf Steiner eröffnet dem modernen Bewußtsein wieder einen Zugang zur Wirklichkeit der Engel.

Verlag Freies Geistesleben

Praxis Anthroposophie

1
Peter Normann Waage
Wenn Kulturen kollidieren
Islam und Europa –
Das Phänomen Salman Rushdie

2
Dagmar Müller
Das Eigene der Frauen
Feminismus und
Anthroposophie

3
Rüdiger Grimm
**Die therapeutische
Gemeinschaft in der
Heilpädagogik**
Das Zusammenwirken von
Eltern und Heilpädagogen

4
Wolfgang Schad
Erziehung ist Kunst
Pädagogik aus Anthroposophie

5
J. Smit / G. Kühlewind /
R. Treichler / C. Lindenau
Freiheit erüben
Meditation in der Erkenntnispraxis der Anthroposophie

6
Udo Herrmannstorfer
Scheinmarktwirtschaft
Die Unverkäuflichkeit von
Arbeit, Boden und Kapital

7
Heinz Zimmermann
Sprechen, Zuhören, Verstehen
in Erkenntnis- und
Entscheidungsprozessen

8
Calvert Roszell
**Erlebnisse an der
Todesschwelle**
Mit einem Vorwort
von George G. Ritchie

9
Thomas J. Weihs
Das entwicklungsgestörte Kind
Heilpädagogische Erfahrungen
in der therapeutischen
Gemeinschaft

10
Stefan Leber
**Die Sozialgestalt
der Waldorfschule**
Ein Beitrag zu den sozialwissenschaftlichen
Anschauungen Rudolf Steiners

Verlag Freies Geistesleben

Praxis Anthroposophie

11
Nils Christie
Jenseits von Einsamkeit und Entfremdung
Gemeinschaften für außergewöhnliche Menschen

12
Valdemar Setzer
Computer in der Schule?
Thesen und Argumente

13 – 16
Herbert Hahn
Vom Genius Europas
Begegnungen mit zwölf Ländern, Völkern, Sprachen

Band 1:
Italien, Spanien, Portugal, Frankreich

Band 2:
Niederlande, England

Band 3:
Dänemark, Schweden,

Band 4:
Rußland, Deutschland

17
Gudrun K. Burkhard
Das Leben in die Hand nehmen
Arbeit an der eigenen Biographie

18
Rainer Patzlaff
Medienmagie
oder die Herrschaft über die Sinne

19
Bernard C. Lievegoed
Durch das Nadelöhr
Ein Leben mit der Anthroposophie
Interview von J. van der Meulen

20
Otto Ulrich
Politik als Kunst
Der freiheitliche Weg zur inneren Einheit Deutschlands.
Ein politisches Essay.

Verlag Freies Geistesleben